2022—2023 年中国工业和信息化发展系列蓝皮书

2022—2023 年
中国原材料工业发展蓝皮书

中国电子信息产业发展研究院　编　著

秦海林　主　编

肖劲松　张海亮　副主编

电子工业出版社
Publishing House of Electronics Industry
北京·BEIJING

内 容 简 介

本书从综合、行业、区域、园区、企业、政策、热点、展望 8 个角度，密切跟踪了 2022 年我国原材料工业发展的重点、难点和热点情况，并对 2023 年我国原材料工业的发展趋势进行了预测分析，全书遵循了赛迪智库原材料工业发展蓝皮书的一贯体例，共 8 篇 30 章内容。

本书可为政府部门、相关企业及从事相关政策制定、管理决策和咨询研究的人员提供参考，也可供高等院校相关专业师生及对原材料工业感兴趣的读者学习。

图书在版编目（CIP）数据

2022—2023 年中国原材料工业发展蓝皮书 / 中国电子信息产业发展研究院编著；秦海林主编. —北京：电子工业出版社，2023.12

（2022—2023 年中国工业和信息化发展系列蓝皮书）

ISBN 978-7-121-46975-6

Ⅰ. ①2… Ⅱ. ①中… ②秦… Ⅲ. ①原材料工业－工业发展－研究报告－中国－2022-2023 Ⅳ. ①F426.1

中国国家版本馆 CIP 数据核字（2023）第 249917 号

责任编辑：许存权

印　　刷：北京虎彩文化传播有限公司

装　　订：北京虎彩文化传播有限公司

出版发行：电子工业出版社

　　　　　北京市海淀区万寿路 173 信箱　　邮编：100036

开　　本：720×1 000　1/16　印张：13.75　字数：308 千字　彩插：1

版　　次：2023 年 12 月第 1 版

印　　次：2023 年 12 月第 1 次印刷

定　　价：218.00 元

凡所购买电子工业出版社图书有缺损问题，请向购买书店调换。若书店售缺，请与本社发行部联系，联系及邮购电话：(010) 88254888，88258888。

质量投诉请发邮件至 zlts@phei.com.cn，盗版侵权举报请发邮件至 dbqq@phei.com.cn。

本书咨询联系方式：(010) 88254484，xucq@phei.com.cn。

前　言

　　原材料工业是实体经济的根基，是支撑国民经济发展的基础性产业和赢得国际竞争优势的关键领域，是产业基础再造的主力军和工业绿色发展的主战场。2022 年，原材料行业深入贯彻落实党中央、国务院重大决策部署，持续深化供给侧结构性改革，在克服新冠疫情反复、原材料价格上涨等不利因素的影响下，推动原材料工业高质量发展取得阶段成效，为保障产业链供应链稳定、维护国民经济健康发展做出了积极贡献。

　　（一）高质量发展工作迈出坚实步伐。2022 年，为落实党中央、国务院关于推动制造业高质量发展的一系列重要部署，加快推进制造强国、质量强国建设，原材料工业逐步开展增品种、提品质、创品牌，不断提高供给质量，加快实施质量变革、效率变革、动力变革，推动原材料工业质量和效益同步提升。2022 年 9 月，工业和信息化部联合国资委、市场监管总局、知识产权局等发布出台《原材料工业"三品"实施方案》，提出了优化传统品种结构、丰富新材料品种、发展绿色低碳产品等 9 项重点任务，提出了原材料品种培优、品质提升、品牌建设 3 项重点工程。

　　（二）产业技术创新取得阶段性突破。2022 年，原材料工业坚持自主创新，加强技术攻关，一批重大研发创新成果竞相涌现。鞍钢成功开发出以最大钢级 FH690、最大厚度 120 毫米为代表的系列极地低温造船及海工用钢和

X70、X80 级别极地低温管线用钢等多项产品，实现国内首创，极寒环境用钢产品核心技术进入国际领先行列。我国首个万吨级 48K 大丝束碳纤维工程第一套国产线在上海石化碳纤维产业基地投料开车，标志着中国石化大丝束碳纤维技术实现规模化生产和关键装备国产化。国内首条 20000T 挤压生产线在广东凤铝三水基地正式投产，该生产线是目前国内第一条在运行的大吨位挤压生产线。

（三）绿色发展和数字化转型形成良好局面。2022 年，原材料工业继续探索绿色发展新模式，数字化建设成效显著。1 月，工业和信息化部联合国家发改委等部门联合印发《工业废水循环利用实施方案》，对钢铁行业废水循环利用率提出了要求。中国石油和化学工业联合会按照《石油和化工行业绿色制造体系认定管理办法（2022 年版）》，启动 2022 年度行业绿色制造体系认定工作，引导石油化工企业绿色发展。国家发改委发布《有色金属冶炼行业节能降碳改造升级实施指南》，提出到 2025 年，铜、铝、铅、锌等重点产品能效水平进一步提升。

展望 2023 年，全球经济持续低迷，国内经济延续恢复态势，我国原材料工业生产、投资增速趋缓，进出口贸易出现分化，主要原材料产品价格震荡调整，行业经济效益有望改善。原材料行业要坚持以习近平新时代中国特色社会主义思想为指导，全面贯彻党的二十大和二十届一中、二中全会精神，完整、准确、全面贯彻新发展理念，加快构建新发展格局，以推动高质量发展为主题，以深化供给侧结构性改革为主线，推进原材料工业高端化、绿色化、合理化、数字化、安全化发展，为制造强国和网络强国建设提供高质量的原料材料支撑。

赛迪智库材料工业研究所从综合、行业、区域、园区、企业、政策、热点、展望 8 个角度，密切跟踪了 2022 年我国原材料工业的重点、难点和热点，并对 2023 年我国原材料工业发展趋势进行了预测分析；在此基础上组织编撰了《2022—2023 年中国原材料工业发展蓝皮书》，全书遵循了赛迪智库原材料工业发展蓝皮书的一贯体例，共 8 篇 30 章。

综合篇。介绍 2022 年全球及中国原材料工业发展概况。

行业篇。在分别分析了 2022 年石化、钢铁、有色、建材、稀土五大行业运行情况的基础上，结合国家战略和国内外宏观经济发展形势，对 2023 年各行业的走势进行判断，并指出行业发展中需要关注的重点。

区域篇。着重介绍了 2022 年东部、中部、西部以及东北地区四大区域的原材料工业发展状况，指出四大区域原材料工业发展的差异、特点及存在的问题。

园区篇。归纳了石化、钢铁、有色、建材、稀土行业的重点园区发展情况，分析了园区的基础设施建设情况、产业布局、园区内重点企业发展现状，指出园区发展存在的问题。

企业篇。从企业基本情况、经营情况和经营战略三个方面对原材料行业代表性企业进行了分析。

政策篇。着重从宏观调控政策、需完善配套政策角度分析原材料工业的政策环境，并对与原材料工业发展密切相关的重点综合性政策、行业政策进行了不同维度的解析。

热点篇。归纳整理了 2022 年原材料行业发生的重大事件，如发布石化行业智能制造标准体系建设指南（2022 版）、《钢铁行业碳中和愿景和低碳技术路线图》和《建筑材料企业环境、社会及公司治理（ESG）报告指南》团标，川渝联合打造全国最强高端铝材料制造基地，下达 2023 年第一批稀土开采、冶炼分离总量控制指标等热点事件，分析其对原材料工业的影响。

展望篇。分析了 2022 年原材料工业的运行环境，预测了 2023 年原材料工业总体发展形势，并进一步对原材料工业的细分行业发展形势进行了展望。

原材料工业门类众多，问题复杂，加之时间有限，书中难免有不妥之处，敬请行业专家、主管部门及读者提出宝贵意见。

赛迪智库材料工业研究所

目 录

区　域　篇

园 区 篇

企 业 篇

政 策 篇

热 点 篇

展　望　篇

综　合　篇

第一章

2022 年全球原材料产业发展状况

第一节 石油化工行业

一、市场供给

2022 年是近 10 年来形势最复杂的一年，俄乌冲突"黑天鹅"、经济下行"灰犀牛"，叠加疫情的反复，这一年，原油、天然气等能源大涨大跌，大开大合，也让石油化工行业市场运行变得错综复杂。2022 年全球工业部门的产量有所放缓，其背后主要原因是俄乌冲突导致的高能源价格和欧洲能源危机、尚未恢复的全球供应链瓶颈以及受疫情影响增长放缓的中国市场。据美国化学委员会（ACC）统计，2022 年全球化工产品产量同比增长 2.0%，增长率明显低于 2021 年的 5.2%。

具体来看，2022 年我国主要化学品产量与 2021 年相比下降 0.4%，乙烯产量与 2021 年相比下降 1%；合成树脂、合成橡胶、合成纤维等合成材料产量与 2021 年相比分别增长 1.5%、−5.7%、−1.5%；轮胎产量与 2021 年相比下降 5%；化学肥料总量（折纯）与 2021 年相比增长 1.2%。

2022 年美国化学工业增长强劲，是近十年中业绩最好的一年。 2022 年美国化学品产量相对于 2021 年同比增长 3.9%，是 2021 年增速的两倍多。特种化学品产量增幅最大，为 9.6%；基础化学品小幅增长 2.1%，其中合成橡胶和合成纤维增幅较大，分别增长 6.2% 和 4.3%。

2022 年欧盟化学品产量与 2021 年相比下降 6.2%，产能利用率远低于 1995—2019 年的平均值 81.6%，多数欧盟国家的化学品生产受到严重冲击。其中，德国是仅次于中国和美国的第三大化学品制造国，石油化工行业受到的打击尤其严重，全年产量下降15.5%，已有约20%的公司停产、约40%的公司减产，还有部分公司将产业转移到了国外。二苯基甲烷二异氰酸酯（MDI）、甲苯二异氰酸酯（TDI）、己二酸、环氧丙烷、丙烯酸等产能占全球比重相对较高的产品竞争力遭受冲击。

二、价格行情

国际油价在2022年经历过山车行情，呈现倒"V"走势，西德克萨斯中质原油（WTI）和布伦特原油价格全年振幅超过80%，加息背景下经济和需求预期的转弱，对冲地缘政治紧张带来的供给压力，油价高位震荡后逐步回落。截至2022年12月30日，WTI原油期货收于80.26美元/桶，全年累计上涨6.71%；布伦特原油期货收于85.91美元/桶，全年累计上涨10.45%。

回顾全年，俄乌冲突是最大的"黑天鹅"事件，短时间全球避险情绪上升，原油价格一路飙升。2022年3月上旬，布伦特油价一度冲高至139美元/桶。在此之后，国际能源署（IEA）联合多国大量释放战略原油储备，供应紧张压力缓解，油价回落至100美元/桶区间。随后两个月，油价推升至全年次高点，布伦特油价震荡走高至125美元/桶水平。2022年10月，欧佩克+宣布下调原油生产配额并通过减产调控原油供给量。但由于终端石油消费需求持续萎靡，2022年11月，国际油价下跌至全年新低，WTI油价一度下跌至73.6美元/桶，布伦特油价下探至80.81美元/桶。年末，供应端变数不大，油价维持宽幅震荡。

2022年化工大宗商品价格走势宽幅震荡，分别在3—6月、8—10月演绎两波上涨行情（见图1-1），油价的潮涨潮落及金九银十旺季需求提振成为贯穿2022年化工品价格波动的主轴。在金联创监测价格的123品种化工品中，2022年均价上涨的有59个品种，占比47.97%；有64个品种下跌，占比52.03%；相比2021和2020年数据，2021年度均价上涨的有119个品种，占比高达96.64%；仅有4个品种下跌；而2020年上涨只有25个品种，下跌有98个品种。回顾疫情三年，2020年在疫情逐渐好转下，化工大宗商品价格逐步走出价格低谷小幅反弹；2021年在能源紧张，原油和煤炭价格一飞冲天背景下，化工大宗商品价格快速大幅跟涨；而2022年上半年在原油价格飞升至100～120美元/桶高位背景下，化工大宗商品价格再度暴涨是造成2022年上半年化工品价格普遍走高的主要原因，但下半年原油价格大幅回撤，化工品价格多数跟跌拖累市场（见图1-2）。从三年的整体发展来看，2022

年化工大宗商品价格出现见顶回落趋势。另一方面，受到上游成本高企、下游需求不佳、自身供需格局的三重压力，虽然 2022 年整体价格有所拉动，但主流化工品利润堪忧。

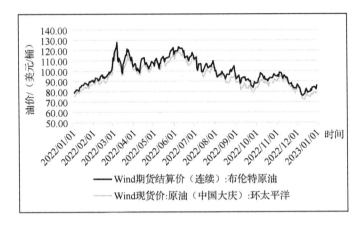

图 1-1 2022 年国际油价走势

（数据来源：Wind 数据库，2023 年 4 月）

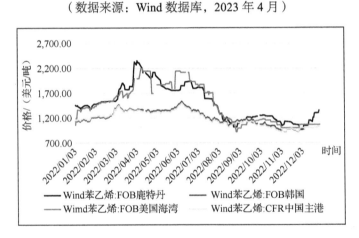

图 1-2 2022 年苯乙烯现货价格走势

（数据来源：Wind 数据库，2023 年 4 月）

第二节　钢铁行业

一、市场供给

据世界钢铁协会初步统计，2022 年全球粗钢产量达 18.78 亿吨，同比减少 4.2%，扣除中国大陆产量后，全球粗钢产量约 8.7 亿吨，同比下降 5.7%（见表 1-1）。

表 1-1　2022 年全球主要地区粗钢产量及同比增长值

主 要 地 区	产量/百万吨	同比/%
欧盟	136.7	-10.5
欧洲其他国家	44.7	-12.2
俄罗斯和其他独联体国家+乌克兰	85.2	-20.2
南美	43.3	-5
北美	111.4	-5.5
非洲	14.9	-6.6
中东	44	7.1
亚洲和大洋洲	1351.3	-2.3
全球 64 国总计	1831.5	-4.3

数据来源：世界钢铁协会，2023 年 5 月。

从各地区的粗钢产量来看，2022 年，亚洲和大洋洲粗钢累计产量 13.5 亿吨，同比减少 2.3%，占全球粗钢产量的 71.9%；欧盟粗钢累计产量 1.4 亿吨，同比减少 10.5%，占全球粗钢产量的 7.3%；南美地区粗钢累计产量 4330 万吨，同比减少 5.0%，占全球粗钢产量的 2.3%；非洲地区粗钢累计产量 1490 万吨，同比减少 6.6%，占全球粗钢产量的 0.8%；中东地区粗钢累计产量 4400 万吨，同比增长 7.1%，占全球粗钢产量的 2.3%；俄罗斯和其他独联体国家加上乌克兰粗钢累计产量 8520 万吨，同比减少 20.2%，占全球粗钢产量的 4.5%。

从 2022 年全球粗钢生产国家和地区产量排名来看，中国、印度、日本占据产量排行前三的位置，其中中国粗钢产量占全球粗钢产量的 53.9%（见表 1-2）。

表 1-2　2022 年全球粗钢前十大主要生产国家和地区

排　　名	国家或地区	产量/百万吨	全球占比/%
1	中国	1013.0	53.9%
2	印度	124.7	6.6%
3	日本	89.2	4.7%

续表

排　　名	国家或地区	产量/百万吨	全球占比/%
4	美国	80.7	4.3%
5	俄罗斯	71.5	3.8%
6	韩国	65.9	3.5%
7	德国	36.8	2.0%
8	土耳其	35.1	1.9%
9	巴西	34.0	1.8%
10	伊朗	30.6	1.6%

数据来源：世界钢铁协会，2023 年 5 月。

二、价格行情

2022 年全球钢材价格呈现平稳运行后快速短暂攀升，二季度初开始持续下行。从国际钢铁价格指数看，钢材综合指数 1 月初为 289.2，之后价格平稳运行，3 月初价格快速上行，在 3 月中旬达到 327.3，之后价格缓慢攀升，在 4 月上旬达到 336.5，为年内最高点，较年初上涨 47.3，涨幅为 16.4%，随后价格持续回落，在 11 月中旬达到 220.9，为年内最低，较高点下降 115.6，降幅达 34.4%，随后价格缓慢震荡上行，到 12 月底价格指数为 231.9，较年初下降 57.3，降幅为 19.8%。扁平材 1 月初价格指数为 281.9，之后价格缓慢下行，2 月下旬达到 267.9，3 月份价格快速上涨，到 3 月下旬达到 317.3，随后价格小幅上行，4 月中旬价格指数为 321.5，为年内最高，较年初上涨 39.6，涨幅为 14.0%，随后价格下行，12 月初价格指数为 194.0，为年内最低点，随后价格小幅上行，到 12 月底达到 206.7，较年初下降 75.2，降幅为 26.7%。长材 1 月份价格指数为 322.9，随后价格缓慢上行，3 月初价格指数为 334.5，3 月中上旬价格快速上行，3 月中旬价格指数为 376.3，随后价格缓慢上行，到 4 月下旬达到 387.8，为年内最高点，较年初上涨 64.9，涨幅为 20.1%，随后价格震荡下行，到 11 月中旬达到 281.1，为年内最低，随后价格震荡缓慢上行，到 12 月底达到 290.7，较年初下降 32.2，降幅为 10.0%（见图 1-3）。

分地区来看，2022 年亚洲、北美和欧洲的钢材价格走势不尽相同。北美钢材价格上半年走出"V"型走势后逐渐走弱；欧洲的钢材价格，开始平稳运行后，在 3 月份中上旬快速拉升，随后持续下行；亚洲的整体价格呈现震荡缓慢下行态势。北美钢铁价格指数年初为 415.6，随后持续下行，到 3 月上旬降至 340.0，较年初下降 75.6，随后快速上升，到 4 月底达到 419.0，为年内最高点，稍高于年初价格，随后价格震荡下行，到 12 月底降至 248.8，较年初下降 166.8，降幅为 40.1%。欧洲钢铁价格指数年初为 252.2，随后价格平稳运行，到 3 月初价格为 264.5，随后价格快速上涨，4 月初达到 360.7，较年初上涨 108.5，涨幅为 43.0%，随后价格震荡下行，到 12 月底为 208.5，较年初下降 43.7，降幅为 17.3%。亚洲钢铁价格指数年初为 269.2，随后价格震荡缓慢上行，4 月初达到 287.5，为年内最高点，较年初上涨 18.3，涨幅为 6.8%，随后缓慢震荡下行，到 12 月底到达 236.7，较年初下降 32.5，降幅为 12.1%（见图 1-4）。

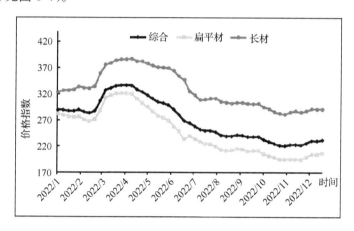

图 1-3　2022 年国际钢材价格指数运行态势图
（数据来源：Wind 数据库，2023 年 05 月）

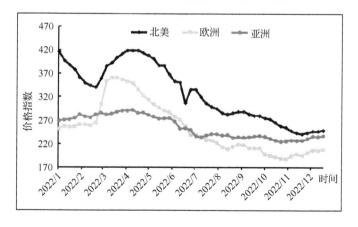

图 1-4　2022 年北美、欧洲、亚洲钢材价格指数运行态势图
（数据来源：Wind 数据库，2023 年 05 月）

第三节　有色金属行业

一、市场供给

（一）全球铜供应缺口收窄

国际铜业研究协会（ICSG）数据显示，2022 年，全球精炼铜供应短缺 35.6 万吨，较上年减少 7.9 万吨。截至 2022 年年底，铜库存较上年末增加 17 万吨至 138 万吨。从供给看，2022 年全球精炼铜产量保持增加，生产精炼铜 2564.4 万吨，较上年增加 84.3 万吨，其中中国、韩国、赞比亚和刚果分别为 48.0 万吨、90.2 万吨、62.8 万吨、31.3 万吨。从需求看，2022 年，全球铜消费量为 2600 万吨，较上年增加 76.4 万吨。图 1-5 是 2022 年全球主要精炼铜生产国产量情况。

智利是全球第一大矿山铜生产国，但 2018 年以来产量持续减少，2022 年矿山铜产量下降，同比下降 5.1% 至 539.0 万吨（见表 1-3）。

表 1-3　2015—2022 年智利矿山铜产量

时间	2015 年	2016 年	2017 年	2018 年	2019 年	2020 年	2021 年	2022 年
产量/ 万吨	577.2	555.3	550.4	583.2	578.7	570.0	568.0	539.0

数据来源：智利国家铜业委员会，2023 年 5 月。

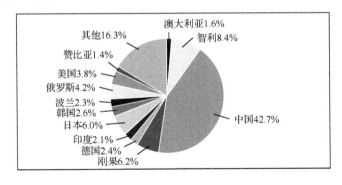

图 1-5　2022 年全球精炼铜产量

（数据来源：ICSG，2023 年 5 月）

（二）全球原铝供应缺口减少

世界金属统计局（WBMS）数据显示，2022年，全球原铝产量达到6830.5万吨，表观消费量为6850.8万吨，全球原铝供应短缺情况大幅好转，全年原铝供应短缺仅为20.3万吨，而上年同期为短缺193.1万吨。国际铝业协会（IAI）数据显示，2022年，全球共生产原铝6846.1万吨，同比增加1.8%。其中，中国、海湾阿拉伯国家合作委员会、除中国外的亚洲地区、南美洲地区产量分别为4043万吨、607.4万吨、459.1万吨，同比分别增长4.1%、3.1%、2.0%。2022年全球原铝产量分布图如图1-6所示。

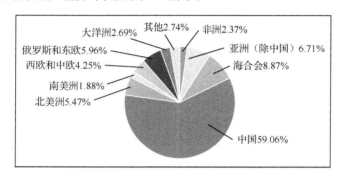

图1-6 2022年全球原铝产量

（数据来源：IAI，2023年5月）

二、主要产品价格冲高回落

铜：12月末铜现货价格较1月初下跌13.2%，为8387美元/吨。全年铜现货平均结算价格为8797美元/吨，同比下跌5.6%。铜现货最高结算价格达到10730美元/吨，与上年持平。铜现货最低结算价格降至7000美元/吨，同比下跌9.7%。

铝：12月末铝现货价格较1月初下跌16.2%，为2361美元/吨。全年铝现货平均结算价格为2703美元/吨，同比上涨9.0%。铝现货最高结算价格达到3985美元/吨，较上年最高价格上涨25.3%。铝现货最低结算价格达到2080美元/吨，较上年最低价格上涨6.6%。

2021—2022年LME铜、铝现货结算价格如图1-7所示。

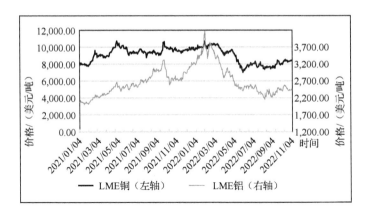

图 1-7　2021—2022 年 LME 典型有色金属品种现货结算价格走势
（数据来源：Wind 数据库，2023 年 5 月）

第四节　建材行业

一、市场供给

2022 年，面对世界变局加速演变、新冠疫情冲击、俄乌冲突等多重考验，建材行业高效统筹疫情防控和经济社会发展，努力应对超预期因素冲击，全年生产总体稳定，为建筑材料行业运行环境总体平稳提供了坚实保障。但受到市场需求持续偏弱等因素影响，呈现稳中趋降的态势，主要产品产量下降，市场存在高度不确定性。

从水泥行业看，2022 年全球水泥产量 41.6 亿吨，同比下降 4.2%，各国水泥需求变化不一。中国依然是全球水泥产量最大的国家，2022 年水泥产量 21.3 亿吨，同比减少 10.5%；其次为印度 3.8 亿吨，由于受房地产拉动，2022 年印度水泥产量同比增长 10.3%；越南以 1.2 亿吨位居第三，同比增长 16.2%；美国 1.0 亿吨排名第四，同比增长 3.3%；土耳其 0.7 亿吨排名第五，同比降低 7.5%。从 2022 年全球水泥上市公司市值 30 强榜单看，中国企业上榜 9 家，位列榜单前三名的分别是爱尔兰老城堡、瑞士拉法基豪瑞和印度超科水泥，中国企业海螺水泥紧随其后排名第四，天山股份排名第五。另外上榜的 7 家中国企业分别是台湾水泥、中国建材、亚洲水泥、华新水泥、华润水泥、冀东水泥和金隅集团。从具体国家看，美国和波多黎各 1—3 月的硅酸盐和复合水泥出货量为 2270 万吨，同比增长 6%，熟料产量为 1650 万吨，同比增长 5.4%，水泥和熟料进口量为 520 万吨，同比增长 17%。越南 1—5 月的水泥销量稳定在 2641 万吨，出口量 1568 万吨，同比下降 14%，其中熟料出口量为 859 万吨，同比下降 25%，水泥出口量为 709 万吨，同比增长 6%。

从平板玻璃行业看，全球平板玻璃市场主要由亚太地区、欧洲和北美三大地区占据，其中，亚太地区占据了最大的市场份额，特别是中国、印度和韩国是主要市场，市场份额占全球市场的 50% 以上，其次是欧洲、北美地区，市场份额分别占比约 20%、15%。从分类看，平板玻璃、建筑玻璃市场竞争格局整体较为稳定，市场也趋于饱和，光伏玻璃、电子显示玻璃、超薄玻璃等特种玻璃产品发展速度较快。2022 年全球光伏玻璃市场需求量约 1330 万吨，在光伏发电成本下降、光伏装机量快速增长的发展趋势之下，将会带动全球光伏玻璃行业迅速发展，预计未来随着双面双玻组件的市占率逐步提高，光伏玻璃的市场需求量将会持续增加。

从建筑陶瓷行业看，2022 年，我国出口卫生陶瓷 1.1 亿件，创出口额 94.4 亿美元，出口平均单价为 88.5 美元/件，三项数据均呈现同比小幅下滑。在原材料、能源、人力、物流等成本不断上涨的背景下，卫生陶瓷产品出口单价不升反降，在出口量本身已经受到挤压的情况下，企业盈利水平受到严峻考验。按出口量统计，2022 年我国卫生陶瓷出口前十大目的国依次为美国、韩国、菲律宾、越南、尼日利亚、澳大利亚、英国、印度、加拿大和马来西亚，出口这十国的卫生陶瓷占我国出口总量的 63%。从出口省份来看，2022 年我国出口的卫生陶瓷主要来自广东省、河北省、福建省、山东省、浙江省，这五省合计占全国出口总量的 77%。

二、价格行情

受地产需求疲软及疫情影响，2022 年以来玻璃均价同比下滑明显。以玻璃期货价格为例（见图 1-8），具体看截至一季度末，全国玻璃期货价格为 2125元/吨，2022 年第一季度全国玻璃期货均价为 2025 元/吨。第二季度，全国玻璃期货均价降低到 1833 元/吨，第三季度的均价继续下降至 1507 元/吨，第四季度的均价跌至 1459 元/吨，较第一季度下降 28%。

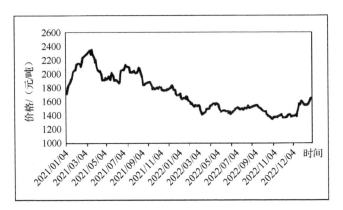

图 1-8　2022 年玻璃期货价格走势

（数据来源：Wind 数据库，2023 年 4 月）

第五节　稀土行业

一、市场供给

一是全球稀土资源储量丰富，集中度较高。稀土不稀，全球稀土资源广泛分布在亚洲、欧洲、非洲、大洋洲、北美洲、南美洲六大洲的 38 个国家。美国、澳大利亚、巴西、加拿大、中国、格陵兰、印度、俄罗斯、南非、坦桑尼亚、越南等国家均有分布（见图 1-9）。据美国地质调查局数据，2022 年全球稀土资源总储量约为 1.3 亿吨（以稀土氧化物计算，下同），比 2011 年的 1.1 亿吨增长了 0.2 亿吨（见图 1-10）。与 2021 年相比，2022 年的资源储量增长了不到 0.1 亿吨，主要是美国的稀土资源储量由 180 万吨增长为 230 万吨，澳大利亚由 400 万吨增长为 420 万吨。

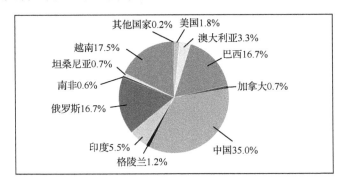

图 1-9　2022 年各国稀土资源储量占比

（数据来源：USGS，2023 年 5 月）

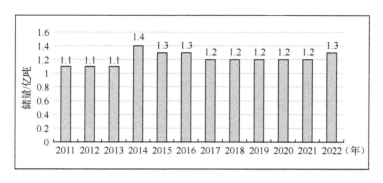

图 1-10　2011—2021 年全球稀土资源储量

（数据来源：USGS，2023 年 5 月）

二是全球稀土开采呈多元化供给格局，海外产量逐步提升。20 世纪 60 和 70 年代，美国主导了全球稀土的供应；1986 年，我国稀土产量首次超过美国，并在之后的 30 至 40 年内成为稀土供应主要来源；2011 年以后，美国、澳大利亚等国开始建设/重建本土稀土开采项目，全球稀土逐步转向多元化供应时代。2022 年，全球稀土格局依然是中国、美国、澳大利亚和缅甸为主导，东南亚、非洲等地补充的多元供应格局，其中泰国等地的供应量有一定的增长。2022 年全球稀土产量为 30 万吨，比 2013 年增长了 19 亿吨（见图 1-11）。其中，中国产量为 21 万吨，占全球总产量的 70%。而 2013 年，我国稀土产量占比曾达到 90.9%。除我国之外的其余国家中，2022 年，美国稀土产量为 4.3 万吨（占比为 14%）、澳大利亚的为 1.8 万吨（占比为 6%）、缅甸的为 1.2 万吨（占比为 4%），上述四国的稀土产量占全球的 94.3%（见图 1-12）。

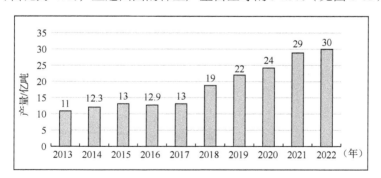

图 1-11　2013—2021 年全球稀土产量

（数据来源：USGS，2023 年 5 月）

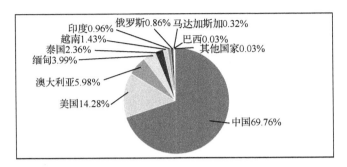

图 1-12　2022 年各国稀土产量占比

（数据来源：USGS，2023 年 5 月）

据美国地质调查局数据，美国稀土产量从 2018 年的 1.8 万吨提升至 2022 年的 4.3 万吨，增长 138.9%。澳大利亚稀土产量从 2018 年的 1.9 万吨提升至 2021 年的 2.4 万吨，2022 年又降为 1.8 万吨；缅甸稀土产量从 2018 年的 5000 吨提升至 2022 年的 1.2 万吨；越南稀土产量从 2018 年的 400 吨提升至 2022 年的 4300 吨。

二、市场需求

从全球稀土消费结构来看，中国是稀土消费第一大国，占比达 57%，主要应用于永磁领域，占比高达 42.3%。其次是日本，消费量占比 21%，永磁领域占其消费比例约 25%；美国的消费量占比 9%，受石化行业发展驱动，催化剂为其第一大稀土应用终端，占比约 75%（见图 1-13，图 1-14）。

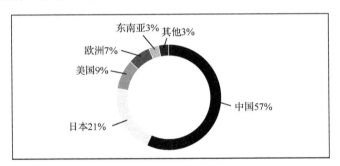

图 1-13　2022 年各国稀土资源消费占比

（数据来源：中商情报网，2023 年 5 月）

伴随能源结构的转型升级，新能源革命带动风电、新能源汽车、节能环保行业快速发展，稀土行业迎来新发展契机。

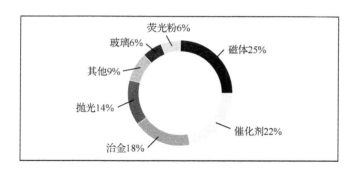

图 1-14 2022 年各国稀土消费结构

（数据来源：中商情报网，2023 年 5 月）

新能源汽车发展表现抢眼。根据 Clean Technica 数据，2022 年全球新能源汽车销量突破千万辆，同比增长 56.4%，产品渗透率增长至 14%。中国新能源汽车呈现爆发式增长，2022 年中国新能源汽车产销完成 705.8 万辆和 688.7 万辆，同比分别增长 96.9% 和 93.4%。已超量完成国务院《新能源汽车产业发展规划（2021—2035 年）》提出"2025 年中国新能源汽车新车销售量达到汽车新车销售总量的 20% 左右"的目标。

风电装机保持较快增长。中国风电并网装机容量已连续 13 年居全球第一，根据国家能源局发布 2022 年全国电力工业的统计数据，2022 年全国风电装机容量约 3.7 亿千瓦，同比增长 11.2%。根据国务院发布《2030 年前碳达峰行动方案》，到 2030 年，中国风电、太阳能发电总装机容量或将达到 1200GW 以上。

此外，节能电机、节能电梯、智能家居等产业也发展迅速，对稀土产品的需求持续增长，稀土产业发展前景向好。

但自 2021 年以来，稀土价格快速上涨，终端应用产业成本压力加重，为减轻负担，部分企业开始减少或替代稀土使用，例如近年来风电行业着重发展稀土用量更少的半直驱技术。2023 年 3 月，特斯拉宣称旗下新能源汽车的下一代永磁电机将完全不使用稀土材料，尽管这并不能代表汽车行业未来放弃使用稀土磁体，但仍引起业内巨震。而同时，3C、家电行业的不景气，也对相关产品的发展造成一定阻碍。

整体来看，未来稀土产业大有作为，但稀土价格长期处于较高位置，将不利于稀土产业的进一步发展，稀土价格保持稳定合理价位是上下游企业的共识，也是产业健康发展的基础。

第二章

2022 年中国原材料产业发展状况

　　2022 年，在全球经济增长乏力和国内经济恢复性增长的影响下，我国原材料工业稳增长压力较大，钢铁、建材行业生产规模缩减，化工、钢铁、建材等产品价格冲高回落，原材料工业盈利能力减弱。

第一节　基本情况

一、原材料工业发展出现分化，钢铁、建材产量全面减少，有色金属产量小幅增长，化工产品产量有增有减

　　从增加值看，2022 年 1—12 月，我国原材料工业发展出现分化，建材行业增加值同比减少，化工、钢铁、有色行业增加值保持增长态势。非金属矿采选业、非金属矿物制品业增加值同比分别减少 1.2% 和 1.5%，而上年同期均为正增长。化学原料和化学制品制造业增加值同比增长 6.6%，增速低于上年同期水平。黑色金属矿采选业增加值同比增长 13%，增速高于上年同期 9.6 个百分点；黑色金属冶炼及压延加工业增加值同比增长 1.2%，与上年同期水平持平。有色金属矿采选业增加值同比增长 5.2%，高于上年同期水平；有色金属冶炼及压延加工业增加值同比增长 5.2%，增速高于上年同期 1.3 个百分点。分产品看，钢铁、建材产品产量减少，化工产品有增有减，有色产品产量保持增长。钢铁行业受政策调控影响，产量规模逐步压减，生铁、粗钢、钢材产量同比减少 0.8、2.1 和 0.8 百分点。建材产品产量减少，水泥、平板玻璃产量均减少，同比分别减少 10.8% 和 3.7%。化工产品中，烧碱产量同比增长 1.4%，低于上年同期 3.8 个百分点；硫酸、乙烯产量同比减少 0.5% 和 1%。十种有色金属产量有所增加，同比增长 4.3%，略低于上年同期水平（见表 2-1）

表 2-1　2022 年我国主要原材料产品产量及增长率

主 要 产 品	产 量	增长率/%	2020 年同期增速/%
硫酸（万吨）	9504.6	−0.5	5
烧碱（万吨）	3980.5	1.4	5.2
乙烯（万吨）	2897.5	−1	18.3
生铁（亿吨）	8.6	−0.8	−4.3
粗钢（亿吨）	10.3	−2.1	−3
钢材（亿吨）	13.4	−0.8	0.6
十种有色金属（万吨）	6774.3	4.3	5.4
水泥（亿吨）	21.2	−10.8	−1.2
平板玻璃（亿重量箱）	10.1	−3.7	8.4

数据来源：国家统计局，2023 年 1 月。

二、投资保持稳定增长，化工、有色行业投资增速加快

2022 年，除黑色金属冶炼和压延加工业外，我国原材料工业固定资产投资规模稳步扩大。化学原料和化学制品制造业投资同比增长 18.8%，高于上年同期水平。钢铁行业中黑色金属矿采选业投资同比增长 33.3%，高于上年同期 6.4 个百分点，黑色金属冶炼和压延加工业投资同比减少 0.1 个百分点。有色金属行业投资规模扩大，有色金属矿采选业、有色金属冶炼和压延加工业投资分别同比增长 8.4% 和 15.7%，均高于上年同期水平。建材行业，非金属矿采选业、非金属矿物制品业投资分别同比增长 17.3% 和 6.7%，增速较上年同期有所放缓（见表 2-2）。

表 2-2　2022 年我国原材料工业固定资产投资及增长率

行 业	同比增长/%	上年同期同比增长/%
化学原料和化学制品制造业	18.8	15.7
黑色金属矿采选业	33.3	26.9
黑色金属冶炼和压延加工业	−0.1	14.6
有色金属矿采选业	8.4	1.9
有色金属冶炼和压延加工业	15.7	4.6
非金属矿采选业	17.3	26.9
非金属矿物制品业	6.7	14.1

数据来源：国家统计局，2023 年 1 月。

三、出口贸易保持增长，进口贸易持续减少

2022 年，在全球经济缓慢复苏、我国经济平稳发展的带动下，我国原材料产品出口总体呈现增长态势。钢材出口 6732 万吨，同比增加 0.9%，增速低于上年同期 23.7 个百分点；未锻造的铝及铝材出口 660.4 万吨，同比增长 17.6%，增速略高于上年同期 1.9 个百分点；未锻造的铜及铜材出口 91.6 万吨，同比减少 1.7%。我国主要原材料产品进口持续减少，钢材进口 1057 万吨，同比减少 25.9%；未锻造的铝及铝材进口 239.1 万吨，同比减少 25.6%，上年同期为正增长；未锻造的铜及铜材进口 587.1 万吨，同比增长 6.2%，扭转了上年同期负增长局面。

四、化工、钢铁、建材产品价格冲高回落，有色等金属产品价格分化明显

2022 年，主要原材料产品价格表现不一。化工产品价格呈现先上涨再下跌态势，硫酸（98%）价格从 1 月初的 486.4 元/吨上涨到 5 月的 947 元/吨，6 月逐步下降，12 月下降到 243.8 元/吨；尿素（小颗粒）价格冲高回落，从 1 月的 2568.6 元/吨上涨到 5 月的 3184.5 元/吨，6 月起震荡下跌，12 月价格为 2708.4 元/吨；甲醇（优等品）价格从 1 月的 2519.2 元/吨上涨到 3 月的 2936.9 元/吨，4 月起震荡下跌，从 4 月末的 2698.7 元/吨下跌到 12 月的 2346.7 元/吨。钢铁价格整体走势冲高回落，1—4 月钢铁价格稳步上涨，钢铁协会 CSPI 中国钢材价格指数从 1 月末的 133 上涨到 4 月末的 140，5 月开始震荡回落，下跌到 11 月末的 108.5，12 月小幅上涨到 113.3。建材价格呈现震荡下跌态势，建材价格指数从 1 月的 169 上涨到 3 月的 172.8，4 月开始震荡调整，12 月调整到 146.4。有色金属产品价格分化严重，不同产品涨跌互现，铜、铝价格呈现上涨—下跌—小幅上涨态势，铜价从 1 月的 70494.4 元/吨上涨到 4 月的 74160.9 元/吨，5 月起逐步下跌，7 月跌至 59292.2 元/吨，8 月起逐步反弹，12 月小幅涨至 66193.4 元/吨。锂价格不断上涨，创历史新高，从 1 月的 36.4 万元/吨上涨到 11 月的 56.7 万元/吨，12 月调整到 51.2 万元/吨（见表 2-3）。

表 2-3 2022 年 1—12 月我国部分原材料产品价格变化

月份	钢铁协会 CSPI 钢材综合价格指数（1994 年 4 月=100）	铜/（元/吨）	铝/（元/吨）	碳酸锂99.5%/（元/吨）	锌/（元/吨）
1 月	133.0	70494.4	21181.3	364000	24739.5
2 月	135.9	71343.3	22723.3	468000	25163.3
3 月	138.9	72701.0	22596.5	502500	25663.0
4 月	140.0	74160.9	21660.6	461500	27554.3
5 月	133.2	72382.9	20418.0	462500	26132.8
6 月	121.1	70990.8	20227.5	469000	25954.4
7 月	111.5	59292.2	18316.0	470500	23385.6
8 月	114.4	62192.8	18516.5	490000	25092.5
9 月	112.8	62560.8	18528.4	513000	25065.7
10 月	109.5	63973.3	18521.3	558000	25308.7
11 月	108.5	65979.0	18646.0	566500	24309.5
12 月	113.3	66193.4	19006.0	512000	24586.8

数据来源：赛迪智库整理，2023 年 1 月。

五、行业经济效益保持增长，企业盈利能力下降

2022 年，我国原材料工业整体盈利能力减弱，除有色金属矿采选业、非金属矿采选业外，其余行业经济效益大幅下滑，企业利润显著减少。具体来看，化学原料和化学制品制造业利润同比减少 8.7 个百分点，上年同期为增长 87.8%。钢铁行业经济效益大幅下滑，黑色金属矿采选业、黑色金属冶炼和压延加工业利润同比分别减少 22% 和 91.3%，而上年同期这两个行业利润均为正增长，且增速较快。有色金属行业利润出现分化，有色金属矿采选业利润同比增长 37.3%，有色金属冶炼和压延加工业利润同比减少 16.1%。建材行业利润分化明显，非金属矿采选业利润同比增长 6.2%，非金属矿物制品业利润同比减少 15.5%（见表 2-4）。

表 2-4 2022 年我国原材料行业利润及增长率

行　　业	绝对量/亿元	同比增长/%	上年同期增速/%
化学原料和化学制品制造业	7302.6	-8.7	87.8
黑色金属矿采选业	594.9	-22	113.5

续表

行　业	绝对量/亿元	同比增长/%	上年同期增速/%
黑色金属冶炼和压延加工业	365.5	-91.3	75.5
有色金属矿采选业	743.5	37.3	44.5
有色金属冶炼和压延加工业	2571.5	-16.1	115.9
非金属矿采选业	480.9	6.2	23.3
非金属矿物制品业	4759	-15.5	14.3

数据来源：国家统计局，2023 年 2 月。

第二节　工作进展

一、高质量发展工作迈出坚实步伐

2022 年，为落实党中央、国务院关于推动制造业高质量发展的一系列重要部署，加快推进制造强国、质量强国建设，原材料工业逐步开展增品种、提品质、创品牌，不断提高供给质量，加快实施质量变革、效率变革、动力变革，推动原材料工业质量和效益同步提升。

2022 年 9 月，工业和信息化部联合国资委、市场监管总局、知识产权局等发布出台《原材料工业"三品"实施方案》，提出了优化传统品种结构、丰富新材料品种、发展绿色低碳产品等 9 项重点任务，提出了原材料品种培优、原材料品质提升、原材料品牌建设 3 项重点工程。

钢铁行业。2022 年 2 月，工业和信息化部联合国家发改委、生态环境部发布《关于促进钢铁工业高质量发展的指导意见》（以下简称《指导意见》），提出增强创新发展能力、严禁新增钢铁产能、优化产业布局结构、推进企业兼并重组、有序发展电炉炼钢等重点任务，力争到 2025 年，钢铁工业基本形成布局结构合理、资源供应稳定、技术装备先进、质量品牌突出、智能化水平高、全球竞争力强、绿色低碳可持续的高质量发展格局。为落实《指导意见》，4 月，国家发改委、工业和信息化部等部门继续开展粗钢产量压减工作，重点压减京津冀及周边地区、长三角地区、汾渭平原等大气污染防治重点区域粗钢产量，推动 2022 年全国粗钢产量同比下降。

石油化工行业。1 月，工业和信息化部联合自然资源部等部门发布《化工园区建设标准和认定管理办法（试行）》，规范了化工园区建设和认定管理，有助于提升化工园区安全发展和绿色发展水平。4 月，工业和信息化部等六部门联合发布《关于"十四五"推动石油化工行业高质量发展的指导意见》，提出提升创新发展水平、推动产业结构调整、优化调整产业布局、推进产业数字化转型、加快绿色低碳发展等重点任务，到2025年，石油化工行业基本形成自主创新能力强、结构布局合理、绿色安全低碳的高质量发展格局，高端产品保障能力大幅提高，核心竞争能力明显增强，高水平自立自强迈出坚实步伐。8月，继续推进危化品企业搬迁改造工作，工业和信息化部原材料工业司先后赴河南、陕西、辽宁、山东等地调研督导危化品企业搬迁改造工作；工业和信息化部原材料工业司组织召开了化工新材料领域重点建议提案办理工作座谈会，就高压电缆关键材料、高性能纤维材料、化工新材料领域相关建议提案办理情况听取专家意见。

有色金属行业。3月，为保障锂资源供应稳定、推动动力电池和新能源汽车行业健康发展，工业和信息化部原材料工业司联合装备工业一司、国家发改委价格司、市场监管总局价格监督检查和反不正当竞争局等部门，组织中国有色金属工业协会、中国汽车工业协会等行业组织，以及锂资源开发、锂盐生产、正极材料、动力电池等产业链上下游重点企业，研讨锂资源开发和生产供给等问题，通过促进上下游企业交流，推动产业链上下游企业建立稳定的合作关系，促进锂资源供给稳定和价格理性回归。4月，工业和信息化部原材料工业司组织中国汽车工业协会、中国稀土行业协会、中国钢研集团、精进电动、中科三环、安泰科技等单位，召开新能源汽车驱动电机用稀土永磁材料上下游合作机制工作会议，加强上下游衔接，进一步扩大稀土永磁材料高端应用领域。9月，工业和信息化部原材料工业司联合国家发改委产业司、价格司，自然资源部矿权司、矿保司，市场监管总局价监竞争局和中国有色金属工业协会等，召开锂资源产业发展座谈会，从全产业链角度分析锂产业发展问题，引导上下游企业合力维护锂供应链畅通稳定，塑造我国锂产业链竞争优势。

建材行业。1月，工业和信息化部原材料工业司组织中国非金属矿工业协会、中国非金属矿工业有限公司、蚌埠玻璃工业设计研究院、中国五矿集团（黑龙江）石墨产业有限公司等单位召开非金属矿行业座谈会，会议就非金属矿年度发展情况、存在问题和发展思路进行了交流。2月，工业和信息化部原材料工业司组织辽宁、河南、广东、四川等地工业和信息化主管部门，中国建材联合会、中国水泥协会等行业组织，以及中国建材集团、北京金隅集团、安徽海螺集团等企业召开建材行业运行分析座谈会，分析了1—2月建材行业运行情况，及时发现行业运行的重要问题，稳定市场预期，多措并举培育增长动力。7 月，原材料工业司组织召开建材行业上半年经济运行分析会，分析上半年行业运行情况，讨论了稳增长面临的突出问题，预测了三季度行业运行趋势，形成了下一步工作思路及举措。9 月，建材行业发布《建材产品追溯 追溯体系通用要求》《建材产品使用说明书 通用要求》等两项团体标准，通过加强建材产品全生命周期质量控制，提升下游用户使用体验，促进建材产品品质和应用效果提升，助力建材行业高质量发展。

二、产业技术创新取得阶段性突破

2022 年，原材料工业坚持自主创新，加强技术攻关，一批重大研发创新成果竞相涌现。

钢铁行业。鞍钢成功开发出以最大钢级 FH690、最大厚度 120 毫米为代表的系列极地低温造船及海工用钢和 X70、X80 级别极地低温管线用钢等多项产品，实现国内首创，极寒环境用钢产品核心技术进入国际领先行列。本钢集团、东北大学和通用汽车中国科学研究院共同开发的"热轧抗氧化免涂层热成形钢 CF-PHS1500"实现全球首发，达到国际领先水平。武钢有限研发的 U68CuCr 耐蚀钢轨，将一些合金元素应用到耐蚀钢轨中，在钢轨表面形成致密、稳定的阻锈层，钢轨使用寿命显著提高，钢轨维护成本减少，实现了全球首创。宝钢湛江基地成功下线高成形/高耐蚀/低合金/优焊接 DP1470-GA，意味着宝钢在 1.5GPa 热镀锌超高强钢的产品研发与制造方面取得重大进展[1]。

石化行业。我国首个万吨级 48K 大丝束碳纤维工程第一套国产线在上海石化碳纤维产业基地投料开车，标志着中国石化大丝束碳纤维技术实现规模化生产和关键装备国产化[2]。我国稀土橡胶催化剂工程化技术再获突破，由石油化工研究院团队自主开发的国内首个单活性中心稀土金属催化剂制备顺丁橡胶连续聚合中试获得成功，聚合效率约为三元稀土催化剂的 20 倍，可生产多种牌号高性能稀土顺丁橡胶，实现了我国稀土橡胶催化剂领域的新

① 盘点 2022 年中国钢铁技术创新的多个"全球首发"！https://baijiahao.baidu.com/s?id=1756138680969548757&wfr=spider&for=pc

② 中国石化 2022 年十大新闻事件，https://www.thepaper.cn/newsDetail_forward_21530038

突破①。国家能源集团宁夏煤业公司 8000 吨/年费托油品制备 α-烯烃中试分离项目打通全流程，实现一次试车成功，填补了我国费托合成 α-烯烃提纯技术的空白②。

有色金属行业。国内首条 20000T 挤压生产线在广东凤铝三水基地正式投产，该生产线是目前国内第一条在运行的大吨位挤压生产线。中国铝业的 5N 高纯铝、氧化铝、高纯镓等一批关键技术攻关取得突破③。中铝郑州有色金属研究院有限公司、有研工程技术研究院有限公司、北矿科技股份有限公司、西部矿业集团科技发展有限公司等 23 家有色金属企业上榜国务院国资委公布的 2022 年"科改示范企业"名单④。海亮集团的精密铜管低碳智能制造技术及装备研究项目、山东国瓷功能材料的片式多层陶瓷电容器用介质材料关键技术研究开发及产业化应用项目入选 2022 年"中国工业大奖项目"。

建材行业。清华材料学院研究团队首次实现共价键氮化硅陶瓷室温塑性变形，为最终实现可变形陶瓷的梦想提供了可行途径。漳州核电项目首次完成大方量铁铝硅酸盐水泥混凝土浇筑，标志着我国铁铝硅酸盐水泥在核电站工程应用方面取得重大突破。

三、绿色发展和数字化转型形成良好局面

2022 年，原材料工业继续探索绿色发展新模式，数字化建设成效显著。

钢铁行业绿色低碳转型取得积极成效。1 月，工业和信息化部联合国家发改委等部门联合印发《工业废水循环利用实施方案》，对钢铁行业废水循环利用率提出了要求，提出到 2025 年，力争规模以上工业用水重复利用率达到 94%左右，钢铁等行业规模以上工业用水重复利用率进一步提升。1 月，国家发展改革委等部门发布《关于加快废旧物资循环利用体系建设的指导意

---

① 2022 年中国合成橡胶行业大事记，https://baijiahao.baidu.com/s?id=1750178414380266510&wfr=spider&for=pc

② 2022 年石油和化工装备十大新闻，http://www.ccin.com.cn/detail/91365b33ce2e4be5fdf60ff0829514aa

③ 中国铝业核心竞争力持续提升，http://stock.10jqka.com.cn/hks/20230322/c645736428.shtml

④ 2022 年中国有色金属工业十大新闻，https://mp.weixin.qq.com/s?__biz=MzA3ODM0NTI4Nw==&mid=2704819957&idx=2&sn=a93d2c64def5d8ef41273da162010937&chksm=bb88c3dd8cff4acbcebc0a8404ef5d810aac13f2a26b988399c0fb10d678ed371d46e23d5ef1&scene=27

见》，提出到 2025 年，废钢铁等 9 种主要再生资源循环利用量达到 4.5 亿吨。8 月，工业和信息化部联合国家发改委、生态环境部发布《关于工业领域碳达峰实施方案的通知》，提出要严格落实产能置换和项目备案等相关规定，切实控制钢铁产能，鼓励适度稳步提高钢铁先进电炉短流程发展，推进低碳炼铁技术示范推广，到 2025 年，废钢铁加工准入企业年加工能力超过 1.8 亿吨，短流程炼钢占比达 15%以上。河钢、建龙集团等发布绿色低碳发展路线图，钢铁行业低碳工作推进委员会发布了《钢铁行业碳中和愿景和低碳技术路线图》。此外，钢铁行业智能化转型取得积极进展，中国钢铁工业协会、中国智能制造系统解决方案供应商联盟钢铁行业分盟联合南钢、冶金科技发展中心发布了中国智能制造系统解决方案市场研究报告、钢铁行业智能制造标准体系建设探讨报告，以及智能轧钢车间、智能工厂、智慧服务等三大专题的钢铁行业智能制造解决方案目录等。

石油化工行业持续落实低碳发展要求。中国石油和化学工业联合会按照《石油和化工行业绿色制造体系认定管理办法（2022 年版）》，启动 2022 年度行业绿色制造体系认定工作，引导石油化工企业绿色发展。北京中石化燕山石化聚氨酯有限公司、中国石化上海高桥石油化工有限公司等 30 家企业被评为绿色工厂，青海云天化国际化肥有限公司的复合肥料、湖北香青化肥有限公司的复合肥料等 12 种产品被评为绿色产品，卫星化学、新疆蓝山屯河科技 2 家企业被评为绿色供应链管理企业。此外，石油化工行业积极探索智能化转型，取得重要进展。6 月，我国第一个"双频 5G+工业互联网"智能炼厂建设项目在中国海油所属中海炼化惠州石化炼厂建成投入使用，标志着数字技术在推动传统炼厂转型升级方面起到了积极作用。11 月，工业和信息化部发布《石化行业智能制造标准体系建设指南（2022 版）》，提出到 2025年建立较为完善的石化行业智能制造标准体系，累计制修订 30 项以上石化行业重点标准，推动智能制造标准在石化行业的广泛应用。

有色金属行业加快探索绿色发展路径。2 月，国家发改委发布《有色金属冶炼行业节能降碳改造升级实施指南》，提出到 2025 年，铜、铝、铅、锌等重点产品能效水平进一步提升，4 个行业能效基准水平以下产能基本清零，各行业节能降碳效果显著，绿色低碳发展能力大幅提高。6 月，生态环境部等七部门发布《减污降碳协同增效实施方案》，提出提高再生铝比例，推广高效低碳技术，加快再生有色金属产业发展，到 2025 年再生铝产量达到 1150万吨，2030 年电解铝使用可再生能源比例提高至 30%以上。11 月，工业和信息化部、国家发改委、生态环境部联合印发《有色金属行业碳达峰实施方案》，提出"十四五"期间，有色金属产业结构、用能结构明显优化，低碳工艺研发应用取得重要进展，再生金属供应占比达到24%以上；"十五五"期间，有色金属行业用能结构大幅改善，电解铝使用可再生能源比例达到30%以上，绿色低碳、循环发展的产业体系基本建立，确保2030年前有色金属行业实现碳达峰。此外，有色金属行业逐步推动智能化发展。9 月，《有色行业智能制造标准体系建设指南（2022 版）》（征求意见稿）公开征求社会各界意见，提出到2025 年，基本形成有色金属行业智能制造标准体系，累计研制40 项以上有色金属行业智能制造领域标准，实现关键技术标准在行业示范应用。

建材行业加快推动绿色发展之路。一方面，继续推动绿色建材下乡工作，持续扩大绿色建材应用。1 月，工业和信息化部原材料工业司组织召开绿色建材下乡活动部分地区和企业研讨会，天津、辽宁、江苏等8 个省（市）工业和信息化主管部门，国检集团、方圆标志认证集团等 11 家认证机构，以及东方雨虹、北新建材等 12 家骨干企业参加了会议，就各地绿色建材产业发展情况进行了交流。2 月，工业和信息化部原材料工业司赴浙江省调研绿色建材生产、认证、流通、应用各环节发展情况，为加强绿色建材推广应用工作打基础。3 月，工业和信息化部联合住房和城乡建设部等部委联合发布《关于开展 2022 年绿色建材下乡活动的通知》，明确了 2022 年绿色建材下乡工作的时间、试点地区、组织形式等。6 月，2022 年绿色建材下乡活动信息发布及线上平台启动会召开，发布了 2022 年首批下乡活动产品清单及企业名录，启动了绿色建材下乡活动电商平台，为扩大绿色建材应用、实现乡村振兴做出贡献。8 月，绿色建材产品认证政策宣贯会暨首期绿色建材产品认证技术高级培训班在重庆召开，宣贯并解读了绿色建材认证标识制度体系政策、推广应用政策、认证采信政策、认证机构监管政策等。根据《关于开展2022 年绿色建材下乡活动的通知》要求，2022 年浙江、天津、山东、四川四个省市获批成为绿色建材下乡活动试点地区。另一方面，工业和信息化部等四部门联合印发《建材行业碳达峰实施方案》，提出了"十四五""十五五"两个阶段的主要目标。此外，建材行业智能制造工作取得一定突破。承德金隅水泥的硅酸盐水泥工厂、巨石集团有限公司电子级玻纤布工厂等入选 2022年国家智能制造示范工厂；天津金隅振兴环保科技有限公司的设备故障诊断与预测、河北金隅鼎鑫水泥有限公司的先进过程控制等入选 2022 年度智能制造优秀场景。

行　业　篇

第三章

石油化工行业

第一节　基本判断

2022 年我国石油和化工行业总体实现平稳运行，为国家能源安全和经济社会发展提供了坚实保障。但是，行业同时也面临着较强的需求收缩、供给冲击和预期转弱压力，运行走势呈现出较强的高位回落态势，外部因素的不平衡发展也加剧了内部间的分化，化工品陷入了产能扩张和需求退坡的矛盾漩涡之中。

一、主要产品产量平稳增长

2022 年，我国原油生产平稳，连续三年实现同比增长，全年产量 2.04 亿吨，同比增长 2.5%，表观消费量 7.15 亿吨，同比下降 2.3%，出现近年来少见的负增长。原油加工量 6.76 亿吨，同比下降 3.8%。成品油产量（汽油、煤油、柴油合计）3.66 亿吨，同比增长 2.5%。其中，汽油产量 14575.8 万吨，同比下降 5.6%；煤油产量 2957.2 万吨，同比下降 25.0%；柴油产量 19087.1 万吨，同比增长 16.8%（见表 3-1）。

表 3-1　2022 年成品油生产情况

产　品	生　产　情　况	
	产量/万吨	同比/%
成品油	36620.1	2.5
汽油	14575.8	-5.6
煤油	2957.2	-25.0
柴油	19087.1	16.8

数据来源：Wind 数据库，2023 年 4 月。

2022 年，我国化工行业产能利用率为 76.7%，同比下降 1.4 个百分点，主要化学品生产总量同比下降 0.4%。重点化学品以小幅下降为主：乙烯产量 2897.5 万吨，同比下降 1%；合成材料总产量下降，其中合成树脂小幅增长 1.5%，合成橡胶下降 5.7%，合成纤维单（聚合）体下降 6.5%；化肥产量基本平稳，总产量（折纯）5471.9 万吨，同比增长 1.2%，农药原药产量（折 100%）249.7 万吨，同比下降 1.3%；轮胎外胎同比下降 5.0%。从具体产品来看，硫酸、甲醇、聚乙烯产量同比增长 1.3%、3.3%、8.7%，烧碱产量同比下降 2.3%（见表 3-2）。

表 3-2　2022 年主要化工产品产销情况

产　品	生 产 情 况	
	产量/万吨	同比/%
硫酸	9504.6	1.3
烧碱	3980.50	−2.3
乙烯	2897.5	−1
甲醇	8022.5	3.3
聚乙烯	2531.59	8.7

数据来源：Wind 数据库，2023 年 4 月。

二、投资呈现良性增长态势

2022 年，化学原料和化学制品制造业投资同比增长 19%，高于工业平均增速 7.4 个百分点。从各领域来看，2022 年，石油和天然气开采业完成投资同比增长 15.5%，增速同比提高 11.3 个百分点；化学原料和化学制品制造业完成投资同比增长 18.8%，增速同比提高 3.1 个百分点；石油、煤炭及其他燃料加工业完成投资同比下降 10.7%，上年为同比增长 8.0%。

三、成本支撑价格总体上涨，下游明显弱于上游

2022 年，石油和主要化学品市场受外部因素影响，价格先扬后抑，波动较大，全年累计看，价格总水平上涨。国家统计局价格指数显示，全年油气开采业出厂价格同比上涨 35.9%，化学原料和化学品制造业同比上涨 7.7%。从走势看，上半年涨幅较大，三季度以高位震荡为主，四季度整体回落明显。

石化联合会监测数据显示，2022 年，布伦特原油现货均价 101.2 美元/桶，同比上涨 43.0%；WTI 原油现货均价 94.5 美元/桶，同比上涨 39.1%；胜

利原油现货均价 100.1 美元/桶，同比上涨 41.7%。

由于原料价格影响，化工品价格依然维持高位运行，但下游需求疲软，上涨动力不足，涨幅较大程度低于上游原料。市场监测显示，在 48 种主要无机化学原料中，全年市场均价同比上涨的有 41 种，占比 86%；在 87 种主要有机化学原料中，全年市场均价同比上涨的有 50 种，占比 58%；在 32 种主要合成材料中，全年市场均价同比上涨的有 17 种，占比 54%；磷肥、钾肥、复合肥等价格依旧高位运行；轮胎价格同样受成本推动而上涨，全年均价同比上涨明显。

2021—2022 年乙烯价格走势如图 3-1 所示。

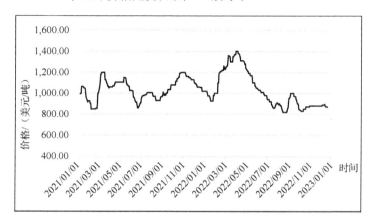

图 3-1　2021—2022 年乙烯价格走势

（数据来源：Wind 数据库，2023 年 4 月）

2021—2022 年尿素价格走势如图 3-2 所示。

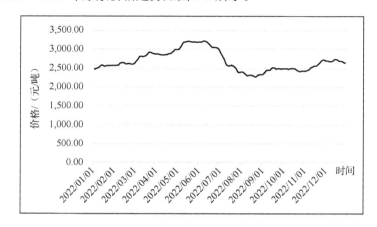

图 3-2　2021—2022 年尿素价格走势

（数据来源：Wind 数据库，2023 年 4 月）

四、效益保持基本稳定，盈利能力下滑，板块分化明显

效益保持基本稳定。截至 2022 年年底，石油和化工行业规模以上企业 28760 家，累计实现营业收入 16.56 万亿元，同比增长 14.4%，创历史新高，实现利润总额 1.13 万亿元，同比下降 2.8%，基本保持历史高位。与全国规模工业比，收入增速高 8.5 个百分点，利润降幅低 1.2 个百分点，占工业的比重分别为 12% 和 13.4%，比上年均有所提升。

盈利能力下降。2022 年，全行业营收利润率为 6.8%，同比下降 1.2 个百分点，比全国规模工业高出 0.7 个百分点；亏损企业亏损额同比上升 71.8%；全行业亏损面 19.4%，同比上升 3.9 个百分点。

分板块看。油气开采业累计实现收入和利润分别为 1.49 万亿元和 3552.5 亿元，同比分别增长 32.9% 和 114.7%。炼油业累计实现收入和利润分别为 5.19 万亿元和 229.2 亿元，同比分别增长 18.6% 和下降 87.6%。化工行业累计实现收入和利润分别为 9.56 万亿元和 7289.2 亿元，同比分别增长 10.1% 和下降 8.1%。

化工行业中，煤化工扭亏为盈，化学矿采选利润增超 1 倍，化肥和农药利润增长突出，基础化学原料和专用化学品制造略有下降；合成材料、涂（颜）料和橡胶制品下降明显。

五、外贸进出口保持较快增长，结构继续优化

2022 年，我国石油和化工行业对外贸易持续较快增长，进出口总额创历史新高。海关数据显示，全行业进出口总额突破万亿美元达到 1.05 万亿美元，同比增长 21.7%，增速比上年回落 17 个百分点，占全国进出口总额的 16.6%。其中，出口总额 3564.8 亿美元，同比增长 20.6%；进口总额 6901.3 亿美元，增长 22.2%，贸易逆差 3336.5 亿美元，同比扩大 24.0%。油气进口方面，2022 年我国原油进口量为 5.1 亿吨，同比略降 1%，为 2001 年以来连续第二年下降，对外依存度 71.2%，下降 0.8 个百分点；天然气进口量为 1520.7 亿立方米，同比下降 10.4%，对外依赖度达到 40.2%，下降 4.4 个百分点。

出口方面，成品油出口量连续三年下降，出口 3442.8 万吨，大幅下降 14.6%。橡胶制品出口额 611.9 亿美元，同比增长 5.8%，仍为化工出口大户，占比 17.2%，基本稳定。化肥出口量 2474.1 万吨，同比下降 24.8%。

有机化学品和合成材料外贸结构不断优化，连续第二年进口下降，出口大增，净进口量下降明显。2022 年，有机化学品进口量同比下降 26.6%，出

口量同比增长 11.3%，净进口量 2280.4 万吨，同比大幅减少 45.7%；合成材料进口量同比下降 9.7%，出口量同比增长 12.3%，净进口量 2130.4 万吨，同比减少 24.5%。

贸易结构持续改善。有机化学品出口总额 807 亿美元，同比增长 17%，贸易顺差 290 亿美元，同比增长 216%；无机化学品出口总额 394 亿美元，同比增长 68%，贸易顺差 135 亿美元，同比增长 57%；合成树脂出口总额 250 亿美元，同比增长 4%，贸易逆差 249 亿美元，同比下降 22%。

2022 年石油化工行业出口交货值见表 3-3。

表 3-3　2022 年石油化工行业出口交货值

行　　业	2022 年		2021 年	
	累计值/亿元	累计同比/%	累计值/亿元	累计同比/%
石油和天然气开采业	50.9	20.3	42.3	-8.1
化学原料及化学制品制造业	5735.4	20.4	4763.4	40.3
橡胶和塑料制品业	4343.5	-1.2	4396.1	13.9

数据来源：Wind 数据库，2023 年 4 月。

2022 年油气产品进口情况见表 3-4。

表 3-4　2022 年油气产品进口情况

产　品	进　口　总　量	
	累　　计	同比/%
原油	5.1 亿吨	-1
天然气	1520.7 亿立方米	-10.4

数据来源：Wind 数据库，2023 年 4 月。

第二节　需要关注的几个问题

一、产能过剩遭遇需求退坡

2022 年中国化工行业在供需两端均呈现出显著变化，供给侧维持近年来的增长态势，尽管开工负荷有所降低，但产能基数的增大仍导致部分产品产量达到近年来的高点。需求端，全球经济增速放缓导致需求降温，而中国房地产景气度持续下行也产生一系列连锁反应，化工品需求普遍有所下降。展望 2023 年，伴随疫情的好转，中国国内疫情防控逐渐放开，国家稳经济促增长政策的落地实施，国内化工大宗商品或迎来新的发展期。但需要注意的是，低端过剩、高端短缺的结构性矛盾仍然是石化行业长期存在的突出矛盾，传统产品结构优化、落后产能淘汰、过剩产能压减的任务仍然艰巨

二、经济增长放缓

2022 年全球经济增长放缓，国际货币基金组织连续 4 次调低世界经济增速预期。除少数东南亚国家的经济增速仍有上升外，世界上绝大部分经济体的经济增速都出现较大幅度的回落。美国 GDP 增速从 2021 年的 5.7%下降到 2022 年的 1.6%，欧元区从 5.2%下降到 3.1%，全部发达经济体平均增速从 5.2%下降到 2.4%，新兴市场和发展中经济体的平均增速从 6.6%下降到 3.7%。我国经济在需求收缩、供给冲击、预期转弱的三重压力下，GDP 增速从 8.1%下降到 3%。展望 2023 年，在通胀高企、利率上升、投资减少的背景下，全球经济增速正在急剧放缓，国际货币基金组织将 2023 年全球经济增长预期由 2022 年的 4.4%下调至 2.9%。世界银行将 2023 年全球经济增长预期由 2022 年的 4.1%下降至 2.9%，并将美国经济增速下调至 1.4%，欧元区经济增速下调至 0.7%。

三、价格走势存不确定性

回顾疫情三年，2020 年在疫情逐渐好转下，化工大宗商品逐步走出价格低谷小幅反弹；2021 年在能源紧张、原油和煤炭价格一飞冲天的背景下，化工大宗商品快速大幅跟涨；而 2022 上半年在原油价格飞升至 100～120 美元/桶高位的背景下，化工大宗商品再度暴涨是造成 2022 上半年化工品价格普遍走高的主要原因，但下半年原油价格大幅回落，化工品多数跟跌拖累市场。从三年的整体发展来看，2022 年化工大宗商品商品出现见顶回落趋势。在整个化工行业最为重要的标志性产品三苯、三烯、塑料、橡胶行业价格走势中，芳烃链条整体表现亮眼，三苯年涨幅在 15%～35%区间。丁二烯在橡胶链条中表现突出，环比涨幅在 9%以上。由于大炼化持续投入，国内产能扩增迅速，乙烯、丙烯、聚丙烯环比小幅走低。而乙二醇、PVC、ABS、PS 价格环比跌幅均在 10%以上。

四、产业链供应链韧性有待提高

当前全球已经进入新的动荡变革期，地缘政治波动影响不断加剧，一旦国际市场出现剧烈变动很有可能引发全球范围内的能源供应失衡，而我国石油石化行业也将面临较大的堵链断链风险，如油气资源供应链渠道中断风险、重要交通与物流路线受阻、石化产业高端装备制造业依赖进口等。为有效应对国际市场变化和地缘政治影响，保障国家能源安全，提高我国油气产业链供应链应对突发风险的能力，有效降低产业链供应链堵链断链风险。我国石油石化行业必须强化创新驱动，统筹发展与安全，促进形成以国内大循环为主体、国内国际双循环相互促进的新发展格局，综合施策、协同发力，有效提升石油石化产业链供应链的韧性。

第四章

钢铁行业

第一节　基本判断

一、产量需求同比降低

（一）粗钢产量实现同比下降

2022 年，中国粗钢产量为 10.1 亿吨，同比减少 2.1%；生铁产量为 8.64 亿吨，同比减少 0.8%；铁合金产量为 3410.1 万吨，同比减少 3.4%；钢材产量为 13.40 亿吨，同比减少 0.8%；铁矿石原矿量产量为 9.68 亿吨，同比减少 1.0%（见表 4-1）。

表 4-1　2022 年全国冶金企业主要产品产量

产　品	产量/万吨	同比/%
生铁	86382.8	-0.8
粗钢	101300.3	-2.1
钢材	134033.5	-0.8
铁矿石原矿量	96787.3	-1.0
铁合金	3410.1	-3.4

数据来源：国家统计局，2023 年 5 月。

从钢材细分品种产量看，2022 年中厚宽钢带、焊接钢管产量较 2021 年有所增长，钢材、钢筋、线材（盘条）、冷轧薄板产量有所下降，其中线材（盘条）降幅达到 8.2%（见表 4-2）。

表 4-2　2022 年中国钢材分品种产量

品　　种	产量/万吨	同比/%
钢材	134033.5	−0.8
钢筋	23762.8	−8.1
线材（盘条）	14136.8	−8.2
冷轧薄板	4219.2	−7.4
中厚宽钢带	18780	4.7
焊接钢管	6325.8	2.5

数据来源：Wind 数据库，2023 年 05 月。

从各地区钢铁生产情况来看，2022 年东部、中部和西部粗钢产量同比下降。2022 年东部的生铁、粗钢和钢材产量分别为 51719.5 万吨、59042.2 万吨、85024.7 万吨，分别占全国生铁、粗钢和钢材总产量的 59.9%、58.3%、63.4%，生铁和粗钢同比分别降低 0.5% 和 1.8%，钢材同比增长 0.8%。中部的生铁、粗钢和钢材产量分别为 21114.5 万吨、24595.3 万吨、27413.7 万吨，分别占全国生铁、粗钢和钢材总产量的 24.4%、24.3%、20.5%，生铁和钢材同比分别增长 0.7%、0.1%，粗钢产量同比降低 2.3%。西部的生铁、粗钢和钢材产量分别为 13548.7 万吨、17662.8 万吨、21595.1 万吨，分别占全国生铁、粗钢和钢材总产量的 15.7%、17.4%、16.1%，同比分别下降 2.5%、1.6%、1.5%（见表 4-3）。

表 4-3　2022 年我国东部、中部、西部钢铁产品产量

区域	生铁			粗钢			钢材		
	产量/万吨	同比增长/%	占全国比重/%	产量/万吨	同比增长/%	占全国比重/%	产量/万吨	同比增长/%	占全国比重/%
东部	51719.5	−0.5	59.9	59042.2	−1.8	58.3	85024.7	0.8	63.4
中部	21114.5	0.7	24.4	24595.3	−2.3	24.3	27413.7	0.1	20.5
西部	13548.7	−2.5	15.7	17662.8	−1.6	17.4	21595.1	−1.5	16.1
合计	86382.8	−0.5	100.0	101300.3	−1.9	100.0	134033.5	0.3	100.0

数据来源：国家统计局，2023 年 5 月。

（二）下游需求下降

钢铁行业下游的需求主要包括房地产、基建、机械、汽车行业、家电、

管道、造船等。2022 年，房地产市场持续低迷，钢铁消费同比下滑。据兰格钢铁研究中心测算，2022 年度国内粗钢表观消费量预计为 9.67 亿吨，同比下降 2.4%。冶金工业规划研究院测算，2022 年我国钢材消费量为 9.2 亿吨，同比下降 3.1%。

二、行业投资快速增长

2022 年，我国黑色金属矿采选业固定资产投资额累计同比增长 33.3%，连续两年快速增长；黑色金属冶炼和压延加工业投资额同比减少 0.1%（见表 4-4）

表 4-4　2022 年我国钢铁行业固定资产投资额累计同比增长情况

项　　目	2022 年投资额累计同比/%	2021 年投资额累计同比/%
黑色金属矿采选业	33.3	26.9
黑色金属冶炼和压延加工业	-0.1	14.6

数据来源：国家统计局，2023 年 05 月。

三、产品价格冲高回落

自 2022 年 1 月开始，钢材价格指数冲高上行，到 4 月达到年内最高点，4 月份至 10 月份价格回落，11 月至 12 月底价格小幅震荡上行。以中钢协综合钢材价格指数为例，1 月 7 日，价格指数为 131.8，之后价格上行，到 4 月上旬达到 142.5，为年内最高点，较年初上涨 10.7，涨幅为 8.1%，随后回落，到 11 月初降为 106.9，较高点下降 35.6，降幅 25.0%，后价格反弹，到 12 月底达到 113.3，较年初下降 18.5，降幅为 14.0%（见图 4-1）。

四、行业效益显著下滑

2022 年，钢铁行业效益出现明显下滑，据中国钢铁工业协会统计，2022 年重点统计会员钢铁企业实现营业收入 65875 亿元，同比下降 6.4%；实现利润总额 982 亿元，同比下降 72.3%。2020—2022 年黑色金属冶炼和压延加工业季度毛利率情况见图 4-2。

从偿债能力来看，2022 年黑色金属冶炼和压延加工业负债合计 44538.7 亿元，同比增长 6.4%，资产负债率为 62.0%，比上年同期上升 1.8 个百分点（见表 4-5）。

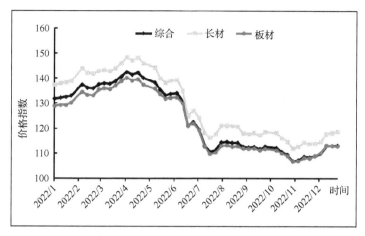

图 4-1　2022 年中国钢材市场价格指数走势

（数据来源：Wind 数据库，2023 年 05 月）

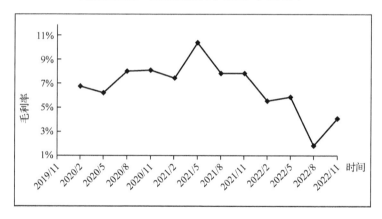

图 4-2　2020—2022 年黑色金属冶炼和压延加工业毛利率（季度值）

（数据来源：Wind 数据库，2023 年 5 月）

表 4-5　2022 年黑色金属冶炼和压延加工业负债率

	2022 年	同　　比
负债合计	44538.7 亿元	6.4%
资产负债率	62.0%	+1.8

数据来源：Wind 数据库，2023 年 05 月。

五、钢材出口增长，进口下降

2022 年，中国进口钢材 1057 万吨，同比下降 25.9%，钢材进口金额为

154.9 亿美元，同比下降 8.8%，出口钢材 6732 万吨，同比增长 0.9%，出口金额为 932.8 亿美元，同比增长 18.7%（见表 4-6）。

表 4-6 2022 年中国钢材进出口情况

项　　目		2022 年	同比/%
进口	钢材	1057.0 万吨	−25.9
	金额（钢材）	154.9 亿美元	−8.8
出口	钢材	6732.0 万吨	0.9
	金额（钢材）	932.8 亿美元	18.7

数据来源：Wind 数据库，2023 年 05 月。

分产品来看，2022 年，中国棒材出口 765.0 万吨，同比降低 1.3%；角型材出口 364.0 万吨，同比增长 42.0%；板材出口 4298.0 万吨，同比降低 4.5%；线材出口 203.0 万吨，同比降低 0.7%；管材出口 909.4 万吨，同比增长 20.7%（见表 4-7）。

表 4-7 2022 年中国钢材分品种出口情况

品　　种	2022 年/万吨	同比/%
钢材	6732.0	0.9
棒材	765.0	−1.3
角型材	364.0	42.0
板材	4298.0	−4.5
线材	203.0	−0.7
管材	909.4	20.7

数据来源：Wind 数据库，2022 年 05 月。

第二节　需要关注的几个问题

一、房地产市场低迷拖累钢铁消费

房地产是我国钢铁最大的下游消费行业，2022 年房地产市场各项指标快速下降，建筑用钢需求受到直接冲击。2022 年，全国房地产投资 132895.4 亿元，同比下降 10%；房地产新开工施工面积 120587.1 万平方米，同比下降 39.4%；房地产竣工面积 86222.2 万平方米，下降 15.0%。受下游需求影响，

2022 年钢铁产量明显下滑，全年产量为 23762.8 万吨，较 2021 年同比降低 8.1%。

二、燃料价格上涨，钢厂降本增效压力大

受全球货币量化宽松政策、大宗商品价格波动加剧、俄乌冲突等影响，钢铁生产用焦煤焦炭等燃料的价格上涨，给钢铁企业成本控制带来巨大压力。据中钢协统计，对标钢铁企业炼焦煤采购成本同比上升 24.91%。成本上升一定程度上挤压了企业的利润空间，叠加需求下滑，价格下跌等情况，2022 年钢铁企业效益受到严重影响。

三、产业集中度稳步提升

我国钢铁企业兼并重组步伐加快，2022 年，普阳钢铁、潞宝联合体收购山西晋柳能源，敬业集团收购粤北钢铁，中国宝武控股新余钢铁，重组中国中钢，这一系列事件表明我国钢铁企业兼并重组在持续推进，产业集中度有望进一步提升。

第五章

有色金属行业

2022 年，我国有色金属行业平稳向好，生产稳中有升，产量继续向西部转移，大宗有色品种价格基本在合理区间，新能源品种价格上涨明显，固定资产投资创历史新高，行业利润有所下滑但仍位居历史第二，铜铝矿山原料进口及铝材出口创历史新高，行业仍面临新能源品种价格剧烈波动、关键矿产资源安全保障、行业绿色发展等问题。

第一节　基本判断

一、有色金属行业平稳向好

十种有色金属产量稳中有升。2022 年，我国十种有色金属产量达到6793.6 万吨，同比增长 4.9%，增速继续回落（见图 5-1）。

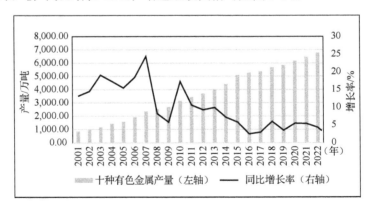

图 5-1　2001—2022 年十种有色金属产量及累计同比增长率
（数据来源：国家统计局，2023 年 5 月）

铜、铝、铅、锌产量同比增加，但增速下降。从冶炼产品看，2022 年，我国铜、铝、铅、锌产量分别达到 1106.3 万吨、4021.0 万吨、781.1 万吨、680.2 万吨，同比分别增长 5.5%、4.4%、6.1%、3.7%。除锌产量增速略有下降外，铜、铝、铅产量增速较上年分别下降 1.9、0.4、5.1 个百分点（见表 5-1）。

表 5-1　2021—2022 年主要有色金属产品生产情况

品　　种	2022 年		2021 年	
	产量/万吨	同比增长/%	产量/万吨	同比增长/%
铜	1106.3	5.5	1048.7	7.4
铝	4021.0	4.4	3850.3	4.8
铅	781.1	6.1	736.5	11.2
锌	680.2	3.7	656.1	1.7

数据来源：国家统计局，2023 年 5 月。

产量逐渐向西部地区转移。前十大有色金属产量大省依次是山东、内蒙古、云南、新疆、河南、甘肃、广西、安徽和青海，2022 年十种有色金属产量分别为 865.1、785.5、697.1、635.0、464.5、417.5、399.0、320.4、297.6 万吨。其中，山东产量连续多年减产，云南首次超过新疆位居全国第三，云南、山西、甘肃产量分别同比增加 22.0%、15.5% 和 16.5%，广西产量同比减少 6.7%（见表 5-2）。

表 5-2　2022 年各省市十种有色金属产品生产情况

地　区	产量/万吨	同比增长/%	地　区	产量/万吨	同比增长/%
河北	5.0	32.8	湖南	232.3	-0.4
山西	145.7	15.5	广东	53.3	6.6
内蒙古	785.5	5.3	广西	399.0	-6.7
辽宁	101.9	-1.8	重庆	58.7	2.5
吉林	13.6	30.0	四川	148.2	-0.8
黑龙江	16.5	6.2	贵州	159.1	11.4
江苏	65.5	3.9	云南	697.1	22.0
浙江	5.0	8.4	西藏	0.6	-21.9
安徽	320.4	7.7	陕西	210.2	-0.8
福建	94.5	5.5	甘肃	417.5	16.5
江西	248.3	13.4	青海	297.6	-0.3

续表

地　区	产量/万吨	同比增长/%	地　区	产量/万吨	同比增长/%
山东	865.1	-4.3	宁夏	133.8	1.9
河南	464.5	9.7	新疆	635.0	-0.8
湖北	114.2	20.4			

数据来源：国家统计局，2023 年 5 月。

二、固定资产投资实现两位数增长

2022 年全行业完成固定资产投资 7483.3 亿元，较上年增长 14.5%，较上年增速上升 10.4 个百分点，较全社会固定资产投资增速高出 9.4 个百分点。其中，有色金属矿采选业、有色金属冶炼及加工行业完成固定资产投资额同比分别增长 8.4%、15.7%，较上年增速分别上升 6.5、11.1 个百分点。2020—2022 年，有色金属行业完成固定资产投资增幅分别为-1.0%、4.1%、14.5%，2022 年增幅创近九年来历史新高。

三、大宗有色品种价格基本在合理区间，新能源品种价格上涨明显

2022 年，铜、铝、铅、锌等主要大宗有色金属产品价格呈区间震荡态势，现货全年均价较上年分别上涨-1.5%、5.6%、0.1%、11.4%，达到 67470 元/吨、20006 元/吨、15260 元/吨、25154 元/吨，基本运行在合理区间。镍、钴、电池级碳酸锂、光伏级多晶硅等新能源相关有色品种价格同比上涨明显，现货均价较上年分别上涨 44.1%、18.2%、301.2%和 36.5%（见图 5-2）。

图 5-2　2020—2022 年铜、铝、铅、锌价格走势（长江有色平均价）

（数据来源：Wind，2023 年 5 月）

四、全行业利润下滑，但仍位居历史第二位，其中采选业和冶炼及压延加工业不同

2022 年有色规上工业企业共实现营业收入 79971.9 亿元，较上年增长 10.5%；实现利润 3315 亿元，较上年下降 8%，但仍位居历史第二。其中，有色金属矿采选业实现利润 743.5 亿元，同比增长 37.3%；有色金属冶炼及压延加工业实现利润 2571.5 亿元，同比下降 16.1%。

2022 年我国有色金属行业亏损额和亏损面增加。全行业纳入统计的 9846 家企业中，共有 2255 家企业亏损，亏损面达到 22.9%，较上年增加 5.1 个百分点；亏损额达到 462.7 亿元，较上年增亏 55.0%。分行业看，有色金属矿采选业和冶炼及压延加工业亏损面分别为 24.2%、22.7%，同比分别增加 0.9 个、5.3 个百分点；亏损额分别为 74.7 亿元、388 亿元，同比分别减少 1.8 亿元和增加 166 亿元。

五、进出口贸易增长较快，铝铜原料进口及铝材出口创历史新高

2022 年我国有色金属进出口贸易总额、进口额、出口额分别达到 3273.3 亿美元、2610.5 亿美元、662.8 亿美元，同比分别增长 20.2%、18.7%、26.7%。贸易逆差为 1947.7 亿美元，增长 18.7%。进口方面，我国铝土矿、铜精矿、未锻轧铜及铜材进口量分别为 1.25 亿吨、2527.1 万吨、587.1 万吨，同比分别增长 16.9%、8.0%、6.2%。出口方面，未锻轧铝及铝材出口数量、金额达到 660.4 万吨、260.0 亿美元，同比分别增长 17.6%、33.7%。

第二节　需要关注的几个问题

一、新能源相关品种价格剧烈波动

当前，我国新能源汽车、储能等行业发展势头强劲，带动新能源相关有色品种快速发展，镍、钴、电池级碳酸锂、光伏级多晶硅等价格同比上涨 18.2%～301.2%，上涨明显，加上资本炒作影响，给下游制造企业和中小企业带来了较大冲击。

二、有色关键矿产资源安全保障

战略性矿产是对国家发展及安全具有重大战略意义的矿产，其中多数是

有色品种。我国铌、锆、铂族、钴、镍、锂、铜、铝高度依赖进口。2023 年，受俄乌冲突持续、逆全球化、产业链本土化和"友岸外包"等因素影响，印尼、菲律宾等部分主要资源供应国在产业政策上做出了一些调整，全球有色金属矿山生产和原料供应的稳定仍可能受到风险事件的干扰。

三、有色金属行业绿色发展

2022 年 11 月，《有色金属行业碳达峰实施方案》印发，成为我国有色金属行业相当长时期的纲领性文件，共部署了严控冶炼产能总量、大力推进产业结构转型升、加强绿色低碳技术创新和推广应用、推进可再生能源替代、建设绿色制造体系等重点任务。同时，欧洲碳贸易关税政策将于 2023 年 10 月份生效，主要涉及铝材和金属镁等产品，应深入研究其对有色金属行业的影响，并做好应对。

第六章

建材行业

第一节　基本判断

一、生产稳中趋降

2022 年，建材行业克服疫情多发广发、市场需求持续偏弱、生产成本高位波动等因素影响，着力稳生产、保供给、调结构，加快绿色低碳转型，行业经济运行总体保持稳定，产业结构不断优化，呈现出运行稳中趋降、发展质量稳中有升的态势，为我国经济社会发展贡献了行业力量。1—12 月份，建材主要产品产量下降，出厂价格略有增长，主要经济效益指标下降。

（一）水泥行业

根据国家统计局统计，2022 年，全国水泥产量 21.3 亿吨，较上年减少2.3 亿吨，同比下降 10.8%，创 2012 年以来最低值（见图 6-1）。分季度看，一季度全国水泥产量 3.9 亿吨，同比大幅下滑 12.1%；二季度水泥产量 5.9亿吨，下滑幅度增加至 16.8%；三季度，市场呈现淡季更淡，供需关系严重失衡，导致各区域水泥价格均出现较大降幅，水泥产量 5.9 亿吨，同比下降7.9%；四季度，旺季不旺，受益于 2021 年四季度低基数影响，下降幅度收窄，水泥产量 5.5 亿吨，同比下降 5.8%。

分区域看，全国六大区域水泥产量同比增速均为大幅度下降。其中，东北和西南降幅最大，接近 20%，中南、华东、西北降幅相对较小，接近或低于 10%。

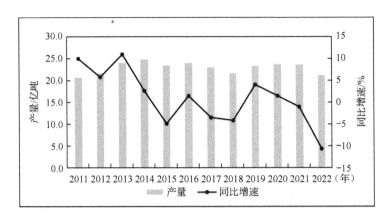

图 6-1　2011—2022 年我国水泥产量及同比增速

（数据来源：Wind 数据库，2023 年 4 月）

（二）平板玻璃行业

2022 年，全年平板玻璃产量 10.13 亿重量箱，同比减少 0.04 亿重量箱，跌幅较小（见图 6-2）。

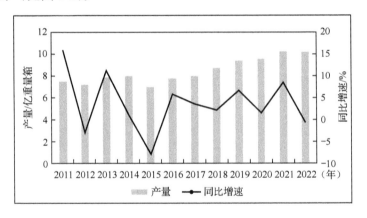

图 6-2　2011—2022 年我国平板玻璃产量及同比增速

（数据来源：Wind 数据库，2023 年 4 月）

分区域看，平板玻璃产量主要集中在华东地区、华北地区，2022 年华东地区、华北地区产量合计 45807.6 万重量箱，产量占比 45.2%。此外，华中地区、华南地区、西南地区平板玻璃产量占比均超 10%，分别为 17.2%、14.5%、11.7%。东北地区、西北地区产量占比较小，分别为 7.1% 和 4.2%。

分省市看，全国省市平板玻璃产量排名前十分别是河北省、湖北省、广东省、山东省、四川省、福建省、辽宁省、湖南省、浙江省和安徽省。其中，河北省排名第一位，2022 年产量为 1.4 亿重量箱，产量超 1 亿吨的有三个省市，分别是河北省、湖北省、广东省。

二、产品价格上涨明显

2022 年 1—12 月份，建材产品平均出厂价格比上年同期高 0.6%。生产成本上涨、市场需求偏弱是建材产品价格保持平稳且高于上年同期的主要原因。

（一）水泥行业

2022 年，全国水泥市场价格"先扬后抑"走势明显（见图 6-3）。全年水泥市场平均价为 466 元/吨（到位价，下同），同比下跌 4.2%，虽然跌幅不大，但考虑煤炭价格大幅上涨，水泥制造成本大幅上升，相对于行业效益而言，实际水泥价格水平跌回至 2017 年水平。

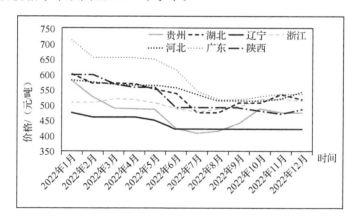

图 6-3　2022 年全国部分地区水泥价格走势

（数据来源：Wind 数据库，2023 年 4 月）

2022 年，全国水泥价格"高台跳水"后陷入震荡调整行情。具体来看，前四个月，国内水泥市场价格持续保持在 500 元/吨以上较好水平。自 5 月份开始，价格开启一路"狂泄"走势，直至 7 月，价格跌到 415 元/吨底部进行盘整；8 月中旬，价格呈现小幅震荡上行态势，但走势并不稳定，在 9 月份再次出现震荡回落行情；10 月至 11 月，尽管价格维持上调走势，但幅度较小，且时间较短，进入 12 月份，价格便出现提前回落走势。分区域来看，全年价位最高的是以广东为代表的华南地区，2022 年均价 593 元/吨，其次是以陕西为代表的西北地区，2022 年均价 524 元/吨。东北地区价格最低，2022 年均价 437 元/吨。

（二）平板玻璃行业

2022 年 1 月至 3 月，玻璃现货受节前备货带动有所去库，价格企稳并有不同幅度回升，1 月份价格 2020 元/吨，3 月份涨到 2246 元/吨，涨幅 11%。3 月至 5 月，下游需求恢复缓慢，期待中的下游补库高峰久候不至，生产企业库存持续累积。叠加物流运输受限，放大了供需矛盾，现货价格稳中趋弱，5 月价格降至 1947 元/吨。6 月雨水偏多，对库存原片质量担忧增加了行业的恐慌氛围，现货价格连续下滑。7 月至 12 月，现货价格持续走弱，年末现货价格降至 1600 元/吨（见图 6-4）。

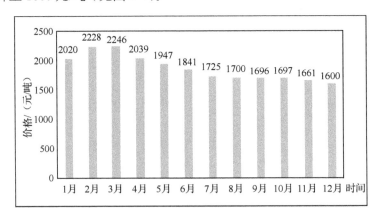

图 6-4　2022 年全国平板玻璃月平均出厂价
（数据来源：百川盈孚，2023 年 4 月）

三、经济效益有所下降

2022 年以来，房地产基本面走弱，疫情影响基建实物量落地导致建材需求疲软，且原材料、燃料价格高企，成本端压力增加，开工端水泥、地产链消费建材持续承压，建材行业绩效不佳。据国家统计局数据，2022 年，规模以上建材及非金属矿工业企业营业收入同比下降 4.2%，利润总额同比下降 20.4%。

其中，规模以上水泥行业营业收入 9593 亿元，同比下降 10.8%，2022 年水泥行业在量价齐跌、成本高涨的双重挤压下，行业利润下滑较多，利润仅为 680 亿元左右，比 2021 年减少 1000 亿元以上，同比下降 60%。平板玻璃行业营业收入 1083 亿元，同比下降 8.5%，平板玻璃行业利润总额 17.3 亿元，同比下降 93%。

四、进出口保持增长

2022 年，建材及非金属矿产品进出口金额大幅增长。1—12 月，建材及非金属矿产品出口金额 509.3 亿美元，同比增长 11.3%，进口金额 347.6 亿美元，同比增长 21.0%。

从具体产品看，水泥及水泥熟料进出口均不及预期，呈现同比下滑态势。2022 年全国水泥及水泥熟料出口量为 196 万吨，同比减少 10.6%，出口金额 2.1 亿美元，同比增加 16.2%。2022 年我国进口量延续了 2021 年下降趋势，根据海关总署统计，2022 年，我国进口水泥熟料总量为 838.5 万吨，同比下降 69.8%。进口量下降的主要原因是我国水泥熟料价格持续下行，外加海运费的大幅提高，以及主要进口来源国越南等地以美元结算出口熟料成本大幅上升，双向挤压，导致进口熟料已经无利润空间（见表 6-1）。

从浮法玻璃行业看，由于 2022 年国内需求走弱，玻璃出口量再度大于进口量。数据显示，2022 年 1—10 月中国浮法玻璃出口量 1121.8 万重量箱，同比增长 81.1%，预计 2022 年全年出口量 1350 万重量箱；2022 年 1—10 中国浮法玻璃进口量 401.9 万重量箱，同比下降 55.5%，预计 2022 年全年进口量 480 万重量箱。

表 6-1 2022 年主要水泥产品进出口量

商 品 名 称	进　　口		出　　口	
	进口数量 /万吨	进口金额 /万美元	出口数量 /万吨	出口金额 /万美元
水泥	240	—	188.4	20677
水泥熟料	838.5	1520.9	7.6	223.0
白水泥	0.4	4.1	2.5	37.8
其他硅酸盐水泥	234	474.5	176.4	1798.3
矾土水泥	0.9	70.8	5.8	248.3

数据来源：Wind 数据库，2023 年 4 月。

第二节　需要关注的几个问题

一、生产成本压力较大

建材行业是典型的以大宗物料进行生产为特征的资源能源依赖型产业，2022 年原料燃料价格大幅上涨，推动企业生产成本普遍上升。2022 年以来，煤炭、天然气等主要燃料价格高位波动，价格整体比 2021 年上涨 40%左右，部分地区水泥等企业用电价格上涨，纯碱、树脂、沥青等化工材料价格也大幅上涨。此外，随着"双碳"目标的推进，碳排放额的限额导致部分水泥企业需要购买碳排放权，生产成本提高。截至 2022 年 11 月 11 日，全国碳排放配额（CEA）收盘价为 58 元/吨，按照生产 1 吨水泥大约排放 1 吨二氧化碳来计算，在碳排放限额外的水泥生产的成本将提升 58 元/吨。

二、绿色发展水平有待提升

2022 年 2 和 11 月，国家发展改革委、工业和信息化部、生态环境部等部门联合发布《高耗能行业重点领域节能降碳改造升级实施指南（2022 年版）》和《建材行业碳达峰实施方案》。指南提出，到 2025 年，水泥行业能效标杆水平以上的熟料产能比例达到 30%，玻璃行业能效标杆水平以上产能比例达到 20%，建筑、卫生陶瓷行业能效标杆水平以上的产能比例均达到 30%，能效基准水平以下产能基本清零，行业节能降碳效果显著，绿色低碳发展能力大幅增强。实施方案提出，"十四五"期间，建材产业结构调整取得明显进展，行业节能低碳技术持续推广，水泥、玻璃、陶瓷等重点产品单位能耗、碳排放强度不断下降，水泥熟料单位产品综合能耗水平降低 3%以上。

建材行业作为典型的资源能源承载型产业，是实现碳达峰、碳中和目标的重点领域。目前建材行业能源消耗、二氧化碳排放、污染物排放总量在工业部门中仍然位居前三位，迫切需要从之前的粗放型生产资源配置以及人力资源的大规模配置时代向节能减排、绿色低碳的发展逻辑进行转变，行业将调整产业结构，提质升级、增效降本。

三、科技创新能力急需加强

"十三五"以来，建材工业创新能力取得较大提升，但仍然存在行业科技创新体制机制不完善、研发投入比低于工业整体发展水平、无机非金属新材料、高端应用等领域缺少原创性技术和世界领先的新技术新产品等问题，在产业结构加快转型、绿色低碳发展进程加快推进和产业链、供应链供应安全压力日益增加的背景下，建材行业科技创新的紧迫性和必要性应得到高度重视。

第七章

稀土行业

第一节　基本判断

一、产品生产保持稳定

从供给方面看，中重稀土继续严控，轻稀土有序放开。2022 年，工信部和自然资源部分别于 2022 年 1 月 28 日和 2022 年 8 月 2 日，分两次下达了稀土开采、冶炼分离总量控制指标。2022 年，我国稀土开采、冶炼分离总量控制指标分别为 21 万吨和 20.2 万吨，与 2021 年相比，开采、冶炼分离总量控制指标分别同比增长 25% 和 24.7%。其中，岩矿型稀土矿开采总量指标为 19.085 万吨，较上一年度增长 28.2%。岩矿型稀土矿调整增量仍然不是在各大集团间进行平均分配，而是根据实际情况进行了增减调整。离子型稀土矿的开采指标连续第三年未做调整，保持了 2019 年的水平，为 1.915 万吨。近年来，稀土总量控制指标呈现出"分类管控、有序放开"的整体思路，中重稀土继续严控，离子型稀土矿产品指标变化很小，轻稀土有序放开。我国总体指标保持约 20% 的增长速度。近年中国稀土开采、冶炼分离总量控制指标如表 7-1 所示。

目前，2023 年第一批稀土开采、冶炼分离总量控制指标也已经公布，分别为 12 万吨、11.5 万吨。相较 2022 年第一批指标分别增长 19.0% 和 18.3%。其中，轻稀土开采总量指标为 10.9057 吨，相较 2022 年第一批指标增长 22.1%，中重稀土开采总量指标首次减少，为 1.0943 吨，相较 2022 年第一批指标减少 4.8%。与"分类管控、有序放开"的稀土总量控制整体思路保持一致与连贯。

表 7-1 近年中国稀土开采、冶炼分离总量控制指标

年　份	矿产品开采总量指标		其 中				冶炼分离产品指标	
			岩矿型稀土		离子型稀土			
	数值/万吨	同比	数值/万吨	同比	数值/万吨	同比	数值/万吨	同比
2016	10.5	——	8.71	——	1.79	——	10	——
2017	10.5	0.0%	8.71	0.0%	1.79	0.0%	10	0.0%
2018	12	14.3%	10.085	15.8%	1.915	7.0%	11.5	15.0%
2019	13.2	10.0%	11.285	11.9%	1.915	0.0%	12.7	10.4%
2020	14	6.1%	12.085	7.1%	1.915	0.0%	13.5	6.3%
2021	16.8	20.0%	14.885	23.2%	1.915	0.0%	16.2	20.0%
2022	21	25.0%	19.085	28.2%	1.915	0.0%	20.2	24.7%
2023（第一批）	12	19.0%	10.9057	22.1%	1.0943	-4.8%	11.5	18.3%

注：2023 年第一批稀土开采、冶炼分离总量控制指标同比增长速度为与 2022 年第一批稀土开采、冶炼分离总量控制指标相比。

数据来源：工业和信息化部，赛迪智库整理，2023.4。

2022 年，中国北方稀土（集团）高科技股份有限公司获得的开采、冶炼分离总量控制指标最多、增长量最大。包含开采指标 141650 吨（全部为轻稀土），分离指标 128934 吨，分别增长 41.2% 和 43.8%（见表 7-2，表 7-3）。

表 7-2 2020—2022 年各集团稀土矿产品开采总量控制指标分配

序号	稀土集团	矿产品（REO，吨）				
		2020 年		2021 年		2022 年
1	中国稀土集团有限公司	中国稀有稀土股份有限公司	17050（2500）	合计：60310（13010）	17050（2500）	合计：60510（13010）	合计：62210（13010）
		其中：中国钢研科技集团有限公司	4300		4300		
		五矿稀土集团公司	2010（2010）		2010（2010）		
		中国南方稀土集团有限公司	41250（8500）		42450（8500）		
		其中：四川江铜稀土参股企业	32750		33950		

续表

序号	稀土集团	矿产品（REO，吨）		
		2020 年	2021 年	2022 年
2	中国北方稀土（集团）高科技股份有限公司	73550	100350	141650
3	厦门钨业股份有限公司	3440 （3440）	3440 （3440）	3440 （3440）
4	广东省稀土产业集团有限公司	2700 （2700）	2700 （2700）	2700 （2700）
	其中：中国有色金属建设股份有限公司	0	0	0
	合计	14000 （19150）	16800 （19150）	210000 （19150）

注：括号中数据为离子型稀土指标。

数据来源：工业和信息化部，赛迪智库整理，2023.4。

表 7-3 2020—2022 年各集团稀土冶炼分离产品总量控制指标分配

序号	稀土集团		冶炼分离产品（REO，吨）		
			2020 年	2021 年	2022 年
1	中国稀土集团有限公司	中国稀有稀土股份有限公司	23879	23879	合计： 58499
		其中：中国钢研科技集团有限公司	1700	1700	
		五矿稀土集团公司	5658 合计： 56649	5658 合计： 57799	
		中国南方稀土集团有限公司	27112	28262	
		其中：四川江铜稀土参股企业	19520	20670	
2	中国北方稀土（集团）高科技股份有限公司		63784	89634	128934
3	厦门钨业股份有限公司		3963	3963	3963
4	广东省稀土产业集团有限公司		10604	10604	10604
	其中：中国有色金属建设股份有限公司		3610	3610	3610
	合计		162000	162000	202000

数据来源：工业和信息化部，赛迪智库整理，2023.4。

2022 年我国总共处理的稀土资源量近 30 万吨，包括从美国、缅甸等国进口的稀土资源，占全球份额 95% 以上。值得注意的是，美国芒廷帕斯矿和澳大利亚莱纳斯所属矿山的产量并未增加，显示这些主要国外稀土资源供应商快速增加产能的潜力尚不足。由此也说明，2022 年稀土产品价格平抑的决定性因素是我国加大了稀土资源的投放量，导致我国资源供应量占比再次超过 70%。我国以负责任的态度维持了全球稀土产业链的供应稳定。

从需求方面看，新需求爆发带来的需求快速增长。随着新能源汽车市场的快速增长，国内新能源汽车销量从 2019 年的 100 余万辆，快速增长到了 2022 年的近 700 万辆，累计增加了近 7 倍。同期国外新能源汽车销量也有可观的增长，且增速也大幅增加。稀土永磁材料的需求随之出现大幅度增加，镨、钕、铽、镝、钆等相关稀土原料供应趋紧，应用于稀土永磁材料的铈等相对富裕稀土元素的研究和产业化也迅速推广，并催化了稀土永磁材料废料回收行业的蓬勃发展。为了平衡市场供需关系，2021 年和 2022 年我国连续两年投放了规模可观的新增稀土资源供应（见表 7-4），并迅速发挥了作用，稀土矿产品价格在 2022 年三季度末基本达到供需平衡。

表 7-4 2015—2022 年度稀土功能材料产量

稀土功能材料		单位	2015 年	2016 年	2017 年	2018 年	2019 年	2020 年	2021 年	2022 上半年
磁性材料	毛坯	万吨	14	14.1	14.8	15.5	17	17.85	20.71	11.6
	磁材	万吨	11	11.38	11.84	12.1	10.3	——		12.2
石油催化裂化材料		万吨	20	20	20	20	20.8	20	23	10.9
尾气净化催化材料		万升	2900	3800	4000	5600	1720	1450	1440	975
储氢材料		吨	8100	8300	9000	9000	8650	10092	10778	4398
抛光材料		万吨	2	2.2	2.8	2.9	3.217	3.109	4.417	1.6
发光材料	三基色	吨	2200	2000	1600	1500	1200	1113	831	360
	LED	吨	130	200	380	400	480	439	698	289.5
	长余辉	吨	210	210	220	300	580	242.8	262.5	120.5
稀土硅铁合金		吨	38600	36000	40000	42000	26702	22637	——	

数据来源：中国稀土行业协会，赛迪智库整理，2023 年 4 月。

二、价格走势企稳回升

从稀土价格来看，稀土需求快速增长带动全年价格波动明显。2022 年年初，稀土产品延续 2021 年年末的上升势头，给稀土永磁材料及其下游产业带来了较大的压力，引起行业管理部门的重视。为保证行业健康发展、维护全球稀土市场稳定，2 月份我国发布稀土总量控制指标再次调增稀土资源供应量，稀土产品价格开始出现波动下行的局面。但是，起始于 2020 年 9 月的这一轮稀土产品价格上行调整的根本原因是新需求爆发带来的需求快速增长，并且这一增长趋势在 2022 年全年都保持了强劲的势头，因此我国稀土资源的增量投放并没有导致价格大幅下落。新能源汽车和风电等需求在二、三季度快速增加，稀土产品价格企稳回升。总体来看，2022 年我国的稀土管理政策达到了预期目的，平抑了市场价格，预防了供应不足带来的炒作风险，为全球稀土市场平稳运行做出了重大贡献（见图 7-1）。

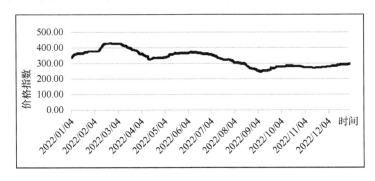

图 7-1　2022 年稀土价格指数

（数据来源：中国稀土行业协会，Wind 数据库，2023 年 5 月）

从具体稀土产品来看，不同品类间的产品价格趋势分化较大。2022 年一季度，中钇富铕矿接续上涨，3 月份开始出现增速放缓，4 月份向下调整后连续 3 个月保持相对稳定，二季度末和三季度出现了速度和幅度较快的下行，并达到了年度最低位。四季度基本持平，年末出现微弱上扬。碳酸稀土总体趋势上与中钇富铕矿相似，走势更加平滑。受用量限制，氧化铕产品在上半年没有显著变化，下半年出现了下跌。

由于长期的结构性过剩特征，在稀土矿产品因为价格增长而扩大供应量时，镧铈产品价格反而出现下行趋势。2022 年这一趋势非常明显，镧铈产品的需求难以抵消供应扩大带来的影响，催化、抛光、稀土储氢材料产量下降也印证了这一现象。

与磁性材料相关的镨钕、镝铽产品价格，在 2022 年初达到年度最高点，随后分两阶段出现下行态势。第一段是供应量预期增大后的即期反应，但是由于年中新能源汽车等需求增长力强劲，同时扩产需要时间，抵消了下行预期的部分作用。第二段出现在下半年，主要因素是新能源汽车预期增速放缓。

铽、镝产品在大趋势上和镨钕产品基本一致，但是铽产品比镝产品的波动幅度大，上涨的刚性更强。主要是由于铽比镝的可替代性更低，且稀缺性更高。由此可见，富含重稀土的离子型稀土矿依然是非常宝贵的资源，需要更多保护。同时，要大力拓展国外同类资源的开发、进口和利用（见表 7-5）。

总之，2022 年稀土产品的分化来源于下游需求领域大相径庭的表现。随着我国疫情防控政策的调整，稀土磁性材料需求在 2023 年将会发生一定变化，分化的趋势有可能得到缓解。

表 7-5　2022 年 1—12 月我国具体稀土产品平均价格（单位：元/公斤）

产品名	纯度	1 月	2 月	3 月	4 月	5 月	6 月
氧化镧	≥99%	8.95	8.30	8.30	8.30	8.30	8.30
氧化铈	≥99%	10.00	10.00	10.00	10.00	10.00	10.00
氧化镨	≥99%	912.10	1044.25	1049.09	893.10	932.05	977.76
氧化钕	≥99%	1019.71	1168.69	1133.57	910.14	944.30	978.67
氧化钐	≥99.9%	29.00	29.00	29.00	27.48	25.00	24.14
氧化铕	≥99.99%	198.00	198.00	198.00	198.00	198.00	198.00
氧化钆	≥99%	509.29	627.44	632.87	445.81	511.30	549.24
钆铁	≥99% Gd75%±2%	492.14	616.19	615.61	436.33	493.70	519.52
氧化铽	≥99.9%	12840.95	14675.31	14488.70	13557.14	14666.00	14406.67
氧化镝	≥99%	2982.86	3107.81	2972.39	2569.52	2615.25	2537.38
镝铁	≥99% Dy80%	2971.90	3097.81	2972.61	2568.57	2610.75	2536.43
氧化钬	≥99.5%	1514.05	1862.88	1883.04	1384.86	1324.25	1345.14
钬铁	≥99% Ho80%	1526.71	1876.25	1896.65	1413.71	1341.00	1358.81
氧化铒	≥99%	351.86	380.38	384.09	357.67	364.75	369.29
氧化镱	≥99.99%	102.00	102.00	102.00	102.00	102.00	102.00
氧化镥	≥99.9%	5300.00	5221.88	5175.00	5181.19	5240.00	5241.43

续表

产品名	纯度	1 月	2 月	3 月	4 月	5 月	6 月
氧化钇	≥99.999%	80.29	87.50	91.48	89.9	87.40	84.71
氧化镨钕	≥99% Nd2O375%	915.29	1059.81	1039.70	859.19	919.80	950.52
镨钕金属	≥99% Nd 75%	1124.52	1310.56	1290.09	1063.76	1118.45	1154.19
产品名	纯度	7 月	8 月	9 月	10 月	11 月	12 月
氧化镧	≥99%	8.14	8.00	7.48	7.00	7.00	7.00
氧化铈	≥99%	8.95	8.00	8.00	8.00	8.00	8.00
氧化镨	≥99%	909.38	775.76	674.86	737.50	678.32	686.95
氧化钕	≥99%	907.39	769.43	679.81	761.11	724.23	757.09
氧化钐	≥99.9%	22.00	21.71	20.00	18.89	18.00	17.09
氧化铕	≥99.99%	198.00	198.00	198.00	198.00	198.00	198.00
氧化钆	≥99%	467.90	354.71	305.76	374.28	358.91	408.05
钆铁	≥99% Gd75%±2%	447.76	340.81	293.67	355.83	343.86	387.82
氧化铽	≥99.9%	13741.43	13585.48	12815.00	13216.39	13151.14	13625.69
氧化镝	≥99%	2385.95	2268.81	2209.52	2312.11	2285.00	2423.64
镝铁	≥99% Dy80%	2381.67	2263.81	2193.57	2309.72	2278.64	2404.55
氧化钬	≥99.5%	1195.48	863.67	603.9	719.44	726.41	845.82
钬铁	≥99% Ho80%	1212.86	883.81	622.14	734.39	743.82	855.64
氧化铒	≥99%	348.00	309.62	253.67	256.39	260.68	287.41
氧化镱	≥99.99%	102.00	102.00	96.57	96.00	96.00	96.00
氧化镥	≥99.9%	5346.24	5550.00	5616.67	5727.78	5724.55	5850.00
氧化钇	≥99.999%	80.10	74.90	64.62	62.44	59.27	54.23
氧化镨钕	≥99% Nd2O375%	856.38	718.86	623.33	676.22	650.73	691
镨钕金属	≥99% Nd 75%	1043.10	878.29	756.76	820.44	787.95	837.27

数据来源：稀土行业协会，赛迪智库整理，2023 年 5 月。

与历史价格相比，2022 年，氧化镨、氧化钕、氧化钐、氧化钆、钆铁、氧化铽、氧化钬、钬铁、氧化铒、氧化镥、氧化钇、氧化镨钕、镨钕金属等平均价格均有大幅度上涨。仅氧化镧、氧化铈、氧化镨、氧化镝、镝铁、氧化镱价格呈现一定程度下滑。

三、行业效益明显改善

供应趋紧，下游需求旺盛，2022 年稀土企业业绩普遍向好。根据稀土上市公司已公布的年报，2022 年，厦门钨业实现营业总收入最高达 482.23 亿元，同比增长 51.4%，实现利润总额 25.72 亿元，同比增长 32.83%。受益于新能源汽车、节能环保等下游产业的迅速发展，公司稀土产品销售均价较上年涨幅较大，使得公司稀土业务盈利继续提升，2022 年公司稀土业务实现营收 61.35 亿元，同比增长 27.70%，稀土业务利润总额同比增长 17%。

北方稀土实现营业总收入 372.6 亿元，同比增长 22.53%，实现利润总额 74.37 亿元，同比增长 11.08%。主营业务中稀土原料产品营收为 138.45 亿元，同比增加 23.24%；稀土功能材料营收 118.45 亿元，同比增加 60.10%，毛利率增加 6.07 个百分点至 47.55%。

中国稀土利润增幅最大，2022 年实现利润总额 5.56 亿元，同比增长 116.75%（见表 7-6）。

表 7-6　2022 年稀土上市公司业绩情况

上 市 公 司	营业总收入 /万元	同比增长 /%	利润总额 /万元	同比增长 /%
北方稀土	3,726,003.58	22.53	743,742.35	11.08
中国稀土	378,596.00	27.33	55,598.16	116.75
厦门钨业	4,822,278.70	51.40	257,158.96	32.83
盛和资源	1,675,792.70	57.85	192,308.45	45.90
安泰科技	740,600.63	17.05	27,959.71	63.07
中科三环	971,580.80	35.97	127,412.43	109.92
大地熊	211,948.06	28.10	15,518.03	-4.48
宁波韵升	640,937.89	70.74	37,346.74	-34.54
英洛华	473,220.49	25.85	26,816.69	106.40
广晟有色	2,286,425.81	42.03	1,053.32	-89.65
横店东磁	1,945,063.82	54.28	165,938.05	35.26
金力永磁	716,518.69	75.61	76,669.40	49.65
正海磁材	631,901.68	87.52	43,120.70	53.84

续表

上 市 公 司	营业总收入 /万元	同比增长 /%	利润总额 /万元	同比增长 /%
银河磁体	99,211.73	15.21	19,434.59	−13.39
中钢天源	276,237.23	5.70	45,594.90	68.92

数据来源：根据 Wind 上市公司数据整理，2023 年 4 月。

四、出口实现"量价齐增"

从出口来看，稀土出口情况良好，有较大幅度增长。海关公布的统计数据显示，2022 年全年共出口稀土及其制品 11.29 万吨，较 2021 年的 10.79 万吨增长 4.63%；出口额约 57.17 亿美元，较 2021 年的 37.73 亿美元增长 51.52%（见表 7-7）。其中，稀土化合物及稀土金属出口量 4.87 万吨，同比减少 0.41%，出口额约 68.76 亿元，同比增长 62.94%，出口平均价格为 141.21 元/公斤，上涨幅度 63.7%（见表 7-8）。

表 7-7　2022 年稀土及其制品出口情况

月　　份	出口量/吨	出口额/万美元
1 月	9315	41884
2 月	8463	34642
3 月	10098	48558
4 月	9954	53679
5 月	10568	57538
6 月	9945	50963
7 月	10104	57559
8 月	9530	53683
9 月	9472	47088
10 月	8252	43075
11 月	8070	43607
12 月	9161	39390
合计	112932	571666

数据来源：中商产业研究院数据库，赛迪智库整理，2023 年 4 月。

表 7-8　2022 年稀土产品出口情况

产　　品	出口量 /公斤	同比 /%	出口额 /元	同比 /%	出口均价 /（元/公斤）
稀土化合物	39,554,549	0.20	4,265,922,504	32.70	107.85
稀土金属	9,139,208	-3.22	2,610,053,508	159.71	285.59
合计	48,693,757	-0.41	6,875,976,012	62.94	141.21

数据来源：稀土行业协会，赛迪智库整理，2023 年 4 月。

2022 年稀土及其制品的出口规模和价值同步上涨，其中价值增长更快，这与国外的芒廷帕斯、韦尔德山等稀土资源供应没有增加有直接关系，我国稀土资源供应量增加的同时，我国稀土资源的使用量也进一步增加，推动了稀土出口价格不断上升。2022 年，稀土产品的出口量略微降低，但是出口金额大幅度增加。这是由于国外稀土资源供应量增量有限，而全球稀土产品加工制造大部分集中在我国，国外稀土资源供应量增量有限。

稀土、稀土及其制品的出口量在 2022 年基本上保持了 2021 年的水平，分月度的波动幅度高于 2021 年。特别是 2022 年四季度出现了明显的下跌，这与当时全球经济状况变化趋势密切相关。出口金额方面，2022 年呈冲高回落的走势，尤其 12 月出口金额出现大幅下跌。从出口量和出口金额在年末的变化趋势，可以看出国外需求的支撑和预期明显走弱（见图 7-2）。

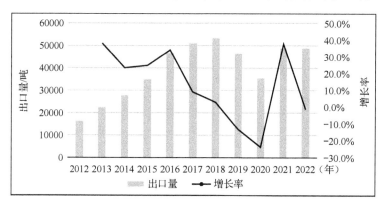

图 7-2　2012 年—2022 年稀土产品出口量及增长率
（数据来源：稀土行业协会，2023 年 4 月）

2022 年稀土出口价格波动远高于 2021 年，在年中不断波动攀升后，年末再次回归到 2021 年年末的水平。这与全球范围内经济前景预期不佳有直接关系，特别是国外总体需求面临下降风险，对稀土下游产品的出口减弱。预计美、欧、日等国的需求快速企稳后，稀土产品出口价格有可能回升（见图 7-3）。

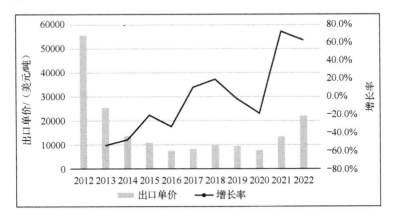

图 7-3　2012 年—2022 年中国稀土产品出口平均单价

（数据来源：稀土行业协会，赛迪智库整理，2023 年 4 月）

从贸易伙伴看，2022 年我国稀土产品共出口至 61 个国家和地区，较 2021 年减少了 5 个（见表 7-9）。其中，出口日本 1.36 万吨，占总出口量的 27.83%，出口额达 6.34 亿元，占总出口额的 9.22%。出口美国 1.39 万吨，占总出口量的 28.56%，出口额达 43.39 亿元，占总出口额的 63.1%。

表 7-9　2022 年按贸易伙伴（国家和地区）分类稀土产品出口情况

序号	贸易伙伴名称	数量/公斤	金额/元	数量占比	金额占比
1	美国	13,909,047	633,634,189	28.56%	9.22%
2	日本	13,553,765	4,338,922,328	27.83%	63.10%
3	荷兰	6,719,867	186,438,850	13.80%	2.71%
4	中国台湾	2,385,317	63,020,516	4.90%	0.92%
5	韩国	1,969,328	297,165,061	4.04%	4.32%
6	印度	1,394,308	47,746,755	2.86%	0.69%
7	意大利	1,373,817	48,138,480	2.82%	0.70%
8	俄罗斯联邦	1,160,715	95,129,531	2.38%	1.38%
9	巴西	1,129,905	11,210,693	2.32%	0.16%
10	德国	685,209	115,558,831	1.41%	1.68%
11	越南	654,985	401,522,054	1.35%	5.84%

续表

序号	贸易伙伴名称	数量/公斤	金额/元	数量占比	金额占比
12	加拿大	520,453	27,396,522	1.07%	0.40%
13	泰国	439,879	274,884,362	0.90%	4.00%
14	法国	406,308	18,450,607	0.83%	0.27%
15	西班牙	331,698	10,261,225	0.68%	0.15%
16	挪威	273,520	48,391,508	0.56%	0.70%
17	土耳其	269,700	3,113,550	0.55%	0.05%
18	印度尼西亚	242,023	2,492,286	0.50%	0.04%
19	波兰	234,877	99,008,495	0.48%	1.44%
20	英国	157,180	20,288,933	0.32%	0.30%
21	阿根廷	130,815	3,384,253	0.27%	0.05%
22	阿联酋	126,709	6,776,441	0.26%	0.10%
23	马来西亚	116,867	7,464,790	0.24%	0.11%
24	澳大利亚	104,252	2,254,226	0.21%	0.03%
25	墨西哥	94,652	11,002,392	0.19%	0.16%
26	巴拉圭	60,000	1,365,923	0.12%	0.02%
27	巴基斯坦	46,050	3,387,125	0.09%	0.05%
28	不丹	40,000	982,203	0.08%	0.01%
29	比利时	21,259	391,037	0.04%	0.01%
30	蒙古国	20,000	175,158	0.04%	0.00%
31	菲律宾	19,176	78,131,777	0.04%	1.14%
32	乌克兰	18,000	217,396	0.04%	0.00%
33	缅甸	15,940	357,579	0.03%	0.01%
34	中国香港	15,780	1,382,220	0.03%	0.02%
35	匈牙利	15,055	8,851,469	0.03%	0.13%
36	南非	9,100	872,566	0.02%	0.01%
37	奥地利	6,438	1,813,336	0.01%	0.03%
38	新西兰	3,440	26,597	0.01%	0.00%
39	斯里兰卡	3,150	268,290	0.01%	0.00%
40	哥伦比亚	2,300	167,259	0.00%	0.00%
41	葡萄牙	2,100	1,407,328	0.00%	0.02%
42	瑞典	1,825	253,050	0.00%	0.00%

续表

序号	贸易伙伴名称	数量/公斤	金额/元	数量占比	金额占比
43	捷克	1,413	470,025	0.00%	0.01%
44	老挝	1,060	39,037	0.00%	0.00%
45	卡塔尔	1,000	12,799	0.00%	0.00%
46	斯洛文尼亚	930	89,125	0.00%	0.00%
47	罗马尼亚	850	88,981	0.00%	0.00%
48	白俄罗斯	840	544,222	0.00%	0.01%
49	尼加拉瓜	625	43,363	0.00%	0.00%
50	伊朗	502	276,332	0.00%	0.00%
51	沙特阿拉伯	450	87,571	0.00%	0.00%
52	芬兰	360	80,166	0.00%	0.00%
53	新加坡	275	6,138	0.00%	0.00%
54	秘鲁	200	29,685	0.00%	0.00%
55	智利	180	21,127	0.00%	0.00%
56	哈萨克斯坦	120	385,998	0.00%	0.01%
57	瑞士	70	66,996	0.00%	0.00%
58	以色列	50	10,154	0.00%	0.00%
59	保加利亚	23	5,442	0.00%	0.00%
60	列支敦士登	0	9,637	0.00%	0.00%
61	突尼斯	0	2,023	0.00%	0.00%
	合计	48,693,757	6,875,976,012	100.00%	100.00%

数据来源：稀土行业协会，赛迪智库整理，2023 年 4 月。

2022 年我国共进口 44 种海关编码稀土产品，较 2021 年少 4 种，进口数量为 4.47 万吨（其中稀土化合物 4.466 万吨，稀土金属仅 22 吨），进口额为 72.04 亿元（见表 7-10），进口数量同比下降 2.19%，进口额同比增长 7.89%。稀土产品进口来自 26 个国家和地区，进口数量占比前 4 位的国家合计 94.9%，其中缅甸 53.06%、美国 17.58%、马来西亚 16.14%、越南 8.12%。从进口数量看，2022 年从缅甸进口数量同比下降 32%；从美国进口数量大幅度增加，主要进口的是其他氟化稀土和氢氧化铈；从马来西亚进口数量同比增加 41%；从越南进口数量同比增加 14%。

稀土矿类产品进口理论上折合稀土氧化物约 12.8 万吨（见表 7-11）。其中钛矿砂及其精矿、混合碳酸稀土、稀土金属矿、未列名氧化稀土和未列名稀土金属及其混合物的化合物这五种稀土矿产品可提取稀土氧化物约 7.76 万吨，同比减少 0.95%；进口额合计约 113 亿元，同比增加 41%。从锆矿砂及其精矿、钛矿砂及其精矿中理论上可综合回收稀土矿折合氧化物约 5.04 万吨。

表 7-10　　2022 年按贸易伙伴（国家和地区）分类稀土产品进口情况

序号	贸易伙伴名称	数量/公斤	金额/元	数量占比	金额占比
1	缅甸	23,705,387	4,174,001,499	53.06%	57.94%
2	美国	7,852,330	150,886,018	17.58%	2.09%
3	马来西亚	7,212,683	1,861,712,829	16.14%	25.84%
4	越南	3,627,664	493,789,045	8.12%	6.85%
5	哈萨克斯坦	740,000	45,617,101	1.66%	0.63%
6	印度	628,250	70,671,998	1.41%	0.98%
7	日本	555,750	232,583,849	1.24%	3.23%
8	俄罗斯联邦	90,855	12,360,904	0.20%	0.17%
9	爱沙尼亚	74,000	41,344,497	0.17%	0.57%
10	澳大利亚	68,866	16,031,395	0.15%	0.22%
11	法国	48,284	9,711,476	0.11%	0.13%
12	韩国	37,754	53,686,761	0.08%	0.75%
13	泰国	16,175	14,307,597	0.04%	0.20%
14	英国	5,761	4,119,692	0.01%	0.06%
15	中国台湾	5,547	5,744,603	0.01%	0.08%
16	奥地利	4,537	2,193,857	0.01%	0.03%
17	德国	3,655	14,887,408	0.01%	0.21%
18	意大利	400	324,982	0.00%	0.00%
19	新加坡	6	118,816	0.00%	0.00%
20	挪威	5	55,539	0.00%	0.00%
21	瑞士	4	22,720	0.00%	0.00%
22	瑞典	0	119,411	0.00%	0.00%
23	捷克	0	2,394	0.00%	0.00%
24	加拿大	0	7,129	0.00%	0.00%
25	乌克兰	0	678	0.00%	0.00%

序号	贸易伙伴名称	数量/公斤	金额/元	数量占比	金额占比
26	芬兰	0	20,018	0.00%	0.00%
	合计	44,677,913	7,204,322,216	100.0%	100.0%

数据来源：稀土行业协会，赛迪智库整理，2023 年 4 月。

表 7-11 2022 年稀土产品进口情况

序号	类别	数量/公斤	金额/元	均价 /（元/公斤）	REO/吨
1	钍矿砂及其精矿	45,917,202	1,439,306,840	31.35	13,775
2	混合碳酸稀土	1,593,052	103,900,038	65.22	478
3	稀土金属矿	76,751,050	3,708,541,754	48.32	46,051
4	锆矿砂及其精矿	1,215,786,142	9,351,143,130	7.69	15,805
5	钛矿砂及其精矿	3,466,686,243	9,319,916,709	2.69	34,667
6	未列名氧化稀土	13,821,817	4,553,718,742	329.46	13,822
7	未列名稀土金属	17,199,625	1,513,778,135	88.01	3,440
	合计	4,837,755,131	29,990,305,348	6.20	128,038

数据来源：稀土行业协会，赛迪智库整理，2023 年 4 月。

总体来看，稀土海关编码产品出口额 68.76 亿元，进口额 72.04 亿元；稀土矿产品钍矿砂及其精矿和稀土金属矿的进口额合计 51.48 亿元。稀土矿及冶炼分离产品贸易逆差 54.76 亿元。2022 年进口稀土矿类产品折稀土氧化物数量较 2021 年同比下降 8.57%，其主要原因是受疫情封关影响，从缅甸进口数量大幅减少，实物量从 2021 年的 3.47 万吨减少到 2022 年的 2.37 万吨，未列名氧化稀土、混合碳酸稀土、未列名稀土金属及其混合物的化合物的进口数量同比分别减少 42%，48%和 19%。随着疫情后的经济复苏，国际贸易的正常开展，可以预见 2023 年稀土矿进口数量仍将处于较高水平。

第二节　需要关注的几个问题

一、美日欧重构稀土供应链力图削弱我国稀土产业主导地位

一是以美国为首的西方发达国家以"举国体制+全球阵营"的战略手段，加速重构本国稀土供应链，力图"去中国化"。美国实施"再工业化战略"，

促使稀土冶炼加工产业回归，在全球范围内采取股权投资关联、长协合同等方式控制稀土原料端，整合稀土资源，已打造年产近 6 万吨稀土矿产品和近 2 万吨冶炼分离产品产能，初步建成了独立于中国的稀土供应链体系。其重构的领域从稀土矿开采、冶炼分离环节向稀土功能材料延伸。二是在重构稀土供应链影响下，全球稀土供给逐步多元化，我国稀土资源供应优势地位正逐渐降低。我国用占全球约 37% 的储量供给全球 60% 的产量。国内矿产品产量难以满足冶炼分离及加工产品产能，矿产品对外依存度逐年攀升，特别是中重稀土对外依存度持续超过 75%，保供难度节节攀升。下游应用产业也因发达国家的技术封锁而步履维艰。

二、价格剧烈波动损害产业自身和下游应用发展

受经济下行、疫情反复及宏观调控等因素影响，全年稀土价格波动明显。2022 年，稀土价格走势整体上冲高回落，以氧化镨钕为例，2 月份价格高达 106 万元/吨，10 月份回落至 62 万元/吨，价差为 44 万元/吨。稀土价格波动直接影响下游生产企业成本，压缩企业利润空间。2022 年第 4 季度，部分稀土磁材企业业绩下降。过高价格也对中低端应用会产生抑制作用，行业会选择减少用量甚至寻求替代方案，如风电企业已转向使用半直驱或者双馈型风机。

三、应用创新不足导致产业链陷入"久推难延"困境

一是稀土产业链延伸面临"久推难延"困局。近年来，虽然稀土产业链上游资源浪费和环境污染现象得到较好缓解，中游发展规模迅速扩大，但下游应用产业却始终难以发展，"低端锁定"问题依然严峻。二是高性能稀土磁、光、催化材料等高端应用核心技术和装备仍受制于人，是导致我国长期呈现"低端锁定"态势的根本原因。例如，机器人伺服电机用永磁材料基本全部由日本垄断。新能源汽车转向助力热压永磁环制造技术和装备被日本封锁。星际飞行离子推进电机永磁体只有美国能生产并对我国禁运。无法稳定制备半导体制造用纯度高于 4N5 的稀土金属及大尺寸稀土靶材等。

四、终端应用、人才、物流等全链条式产业政策乏力

一是支持终端应用产品推广政策还需加强。近年来各地稀土产业政策多支持稀土功能材料产业发展，终端应用产业支持政策少。目前，各地在发展

稀土产业时，稀土新材料已初具规模，但下游终端应用产业发展缓慢，真正能够起到引领带动作用的大企业少、集聚度低，如伺服电机生产企业、抛光应用企业、储氢电池应用企业等。无法有效推动稀土在终端应用的推广，如稀土脱硝催化剂在燃煤电厂烟气治理中的推广应用还存在壁垒，稀土镍氢电池在新能源汽车中的应用也有待推广。二是人才、物流、标准等配套政策乏力。当前稀土专业人才缺乏，一线工人紧缺，技术工人培养体系不健全，制约稀土产业的进一步发展。物流配套产业发展水平较低，专业度低、速度慢、成本高，不利于稀土产品的快速流通。

区 域 篇

第八章

东部地区

2022 年，我国东部地区乙烯、硫酸、纯碱等主要石油化工产品产量同比增长明显，甲醇价格呈"M"型变化趋势；生铁、粗钢产量略有下降，钢材产量稍有增长，螺纹钢和热轧卷板价格走势先上行后下行；十种有色金属产量有所下降，铜价呈"台阶"型走势；水泥产量同比下降，平板玻璃产量增长明显，水泥价格呈现下行态势。

第一节　石油化工行业

一、生产情况

2022 年，东部地区的乙烯产量为 1788.5 万吨，同比增长 23.7%，其中，广东省和江苏省的乙烯产量最高，分别为 391.2 万吨和 390.2 万吨，产量增幅较大的地区依次为浙江、江苏和北京。2022 年，东部地区硫酸产量总计 1905.2 万吨，同比增长 16.0%。山东省的硫酸产量达到 555.1 万吨，为东部地区最高值。天津、山东和福建三地的产量增幅达到 20% 以上。2022 年，东部地区烧碱产量为 2008.8 万吨，同比增长 25.6%，产量增幅前三的地区为天津市、江苏省和河北省。山东省烧碱产量最高，占东部地区总产量的 53.8%（见表 8-1）。

表 8-1　2022 年东部地区主要石油化工产品生产情况

地　区	乙　烯		硫　酸		烧　碱	
	产量/万吨	同比/%	产量/万吨	同比/%	产量/万吨	同比/%
北京	71.1	22.8	-	-	-	-

续表

地　区	乙　烯		硫　酸		烧　碱	
	产量/万吨	同比/%	产量/万吨	同比/%	产量/万吨	同比/%
天津	137.3	9.4	20.7	27.0	84.1	54.9
河北	1.1	10.0	160.5	6.7	143.0	26.1
上海	163.1	0.1	5.6	14.3	74.6	18.2
江苏	390.2	60.1	283.6	9.6	325.3	33.6
浙江	237.6	68.3	285.7	3.9	240.1	28.0
福建	189.6	7.7	356.6	23.6	26.1	-18.2
山东	207.3	-4.4	555.1	26.0	1081.6	23.4
广东	391.2	2.9	237.4	13.8	34.0	16.8
海南	-	-	-	-	-	-
东部地区	1788.5	23.7	1905.2	16.0	2008.8	25.6

数据来源：Wind 数据库，2023 年 04 月。

二、市场情况

以江苏省为例，2022 年甲醇价格总体保持在 2300～3300 元/吨区间内，呈"M"型变化趋势。3 月上旬，甲醇价格达到上半年峰值 3285 元/吨，10 月上旬达到下半年峰值 3290 元/吨，之后震荡下行，年底收于 2685 元/吨，如图 8-1 所示。

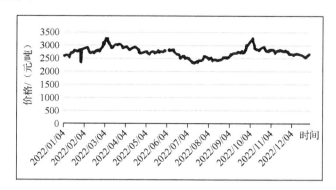

图 8-1　2022 年江苏甲醇市场价格走势

（数据来源：Wind 数据库，2023 年 04 月）

第二节　钢铁行业

一、生产情况

2022 年，我国东部地区生铁产量共计 44618.2 万吨，同比下降 0.7%；粗钢产量为 51590.6 万吨，同比下降 2.0%；钢材产量为 77297.2 万吨，同比增长 0.9%（见表 8-2）。2022 年东部地区生铁、粗钢和钢材产量占全国总产量的比重分别为 51.7%、50.9% 和 57.8%，与上年同期基本持平，仅钢材产量占比略有提高。

表 8-2　2022 年东部地区钢铁生产情况

地　区	生　铁		粗　钢		钢　材	
	产量/万吨	同比/%	产量/万吨	同比/%	产量/万吨	同比/%
北京	-	-	-	-	184.3	-9.4
天津	1772.8	-2.5	1738.3	-4.8	5543.7	-7.5
河北	19840.2	-1.8	21194.6	-5.8	32169.2	8.8
上海	1390.0	-0.1	1500.8	-4.8	1920.9	-1.1
江苏	9637.9	-3.9	11611.0	-2.6	14882.2	-5.2
浙江	802.6	1.0	1378.1	-5.3	2934.9	-15.0
福建	1382.5	20.7	2995.7	18.1	3505.5	-11.9
山东	7371.3	-2.0	7600.3	-0.6	10529.1	-1.3
广东	2420.9	17.9	3571.8	12.4	5627.4	10.1
海南	-	-	-	-	-	-
东部地区	44618.2	-0.7	51590.6	-2.0	77297.2	0.9

数据来源：Wind 数据库，2023 年 4 月。

二、市场情况

2022 年，东部地区螺纹钢价格走势先上行后震荡下行，4 月份到达价格高点后缓慢回落。以直径 20mm 的 400MPa 螺纹钢为例，1 月份后价格缓慢上行，4 月份价格突破 5000.0 元/吨，之后一直震荡下行，年底价格较年初有明显下降。12 月末，北京、天津、广州和上海的螺纹钢价格分别为 3980.0 元/吨、4000.0 元/吨、4400.0 元/吨和 4100.0 元/吨，均低于上年同期水平（见表 8-3）。

表 8-3　2022 年东部重点城市 HRB400 20mm 螺纹钢价格（单位：元/吨）

时　间	北　京	天　津	广　州	上　海
2021 年 12 月末	4540.0	4560.0	4970.0	4760.0
2022 年 1 月末	4710.0	4730.0	5000.0	4730.0
2022 年 2 月末	4740.0	4780.0	5030.0	4780.0
2022 年 3 月末	4960.0	5000.0	5190.0	5010.0
2022 年 4 月末	5030.0	5110.0	5280.0	5020.0
2022 年 5 月末	4730.0	4760.0	4880.0	4780.0
2022 年 6 月末	4270.0	4290.0	4640.0	4350.0
2022 年 7 月末	4020.0	4030.0	4300.0	4050.0
2022 年 8 月末	3980.0	3980.0	4190.0	4010.0
2022 年 9 月末	4110.0	4130.0	4440.0	4040.0
2022 年 10 月末	3590.0	3570.0	4120.0	3680.0
2022 年 11 月末	3700.0	3690.0	4130.0	3770.0
2022 年 12 月末	3980.0	4000.0	4400.0	4100.0

数据来源：Wind 数据库，2023 年 04 月。

2022 年，东部地区热轧卷板价格走势表现为先上行后震荡下行。以 4.75mm 热轧卷板为例，1—3 月份价格上行，达到价格高点后震荡下行。2022 年年底，北京、天津、广州、上海、邯郸的 4.75mm 热轧卷板价格分别为 4160.0 元/吨、4040.0 元/吨、4140.0 元/吨、4180.0 元/吨和 4140.0 元/吨，较上年末分别下降 13.7%、13.7%、12.8%、13.8% 和 13.9%（见表 8-4）。

表 8-4　2022 年东部重点城市 4.75mm 热轧卷板价格（单位：元/吨）

时　间	北　京	天　津	广　州	上　海	邯　郸
2021 年 12 月末	4820.0	4680.0	4750.0	4850.0	4810.0
2022 年 1 月末	5000.0	4830.0	4880.0	4940.0	4950.0
2022 年 2 月末	5040.0	4910.0	4960.0	4930.0	4980.0
2022 年 3 月末	5400.0	5220.0	5230.0	5180.0	5250.0
2022 年 4 月末	5350.0	5080.0	5070.0	4960.0	5100.0
2022 年 5 月末	4800.0	4770.0	4810.0	4850.0	4790.0
2022 年 6 月末	4440.0	4320.0	4350.0	4400.0	4420.0
2022 年 7 月末	4030.0	3890.0	3960.0	3950.0	3940.0

续表

时　　间	北　京	天　津	广　州	上　海	邯　郸
2022 年 8 月末	4060.0	3910.0	3990.0	3900.0	3970.0
2022 年 9 月末	4050.0	3950.0	3980.0	3920.0	4030.0
2022 年 10 月末	3780.0	3620.0	3640.0	3610.0	3680.0
2022 年 11 月末	3920.0	3800.0	3950.0	3900.0	3910.0
2022 年 12 月末	4160.0	4040.0	4140.0	4180.0	4140.0

数据来源：Wind 数据库，2023 年 04 月。

第三节　有色金属行业

一、生产情况

2022 年，东部地区十种有色金属的产量有较小幅度下降，达到 1174.7 万吨，同比下降 1.7%，占全国总产量的 17.3%，占比较上年减少 1.2 个百分点。其中，天津、山东的产量降幅分别为 93.9% 和 4.3%，其他省份产量均有所增长。山东省十种有色金属产量达到 865.1 万吨，占东部地区总产量的 73.6%，占比较上年减少 2 个百分点（见表 8-5）。

表 8-5　2021—2022 年东部地区十种有色金属生产情况

地　区	2022 年		2021 年	
	产量/万吨	同比/%	产量/万吨	同比/%
山东	865.1	-4.3	903.5	-2.8
福建	94.5	5.5	89.6	21.0
江苏	91.3	3.9	87.9	-9.7
浙江	65.5	8.4	60.4	11.5
广东	53.3	6.6	50.0	8.4
河北	5.0	35.1	3.7	-6.3
天津	6.1×10^{-4}	-93.9	0.1	-92.9
上海	-	-	-	-
东部地区	1174.7	-1.7	1195.2	-0.9

数据来源：Wind 数据库，2023 年 4 月。

二、市场情况

以北京为例，2022 年 1—5 月份，铜现货平均价格在 70000.0～80000.0 元/吨区间内震荡，总体较为稳定；6 月初至 7 月中旬价格出现明显下跌，最大跌幅达到 24.6%；之后价格震荡上行，在 60000.0～70000.0 元/吨的区间中震荡运行。12 月末，铜价达到 66120.0 元/吨，较年初价格下降 5.5%（见图 8-2）。

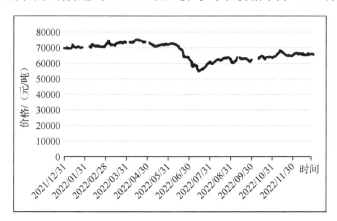

图 8-2　东部地区典型城市铜市场价格

（数据来源：Wind 数据库，2023 年 4 月）

第四节　建材行业

一、生产情况

2022 年，东部地区水泥产量总计 77959.4 万吨，同比下降 0.9%。从产量来看，广东省产量最高，高达 15131.2 万吨，北京市产量最低，仅 203.4 万吨；从增速来看，江苏、浙江和福建产量同比增长，其他省市均同比下降。东部地区平板玻璃产量为 49110.6 万重量箱，同比增长 12.4%；河北省产量最高，达到 14200.5 万重量箱，海南、江苏、北京和河北等省份的产量增幅较大（见表 8-6）。

表 8-6　2022 年东部地区主要建材产品生产情况

区　　域	水　　泥		平板玻璃	
	产量/万吨	同比/%	产量/万重量箱	同比/%
北京	203.4	−14.9	42.2	31.5
天津	529.5	−11.1	3453.1	9.8

续表

区 域	水 泥		平板玻璃	
	产量/万吨	同比/%	产量/万重量箱	同比/%
河北	9905.7	-4.9	14200.5	21.5
上海	360.8	-7.2	-	-
江苏	14206.3	3.8	2019.9	55.7
浙江	12934.2	3.8	4515.1	1.1
福建	9656.8	10.3	5439.5	6.4
山东	13405.1	-11.8	8271.5	10.2
广东	15131.2	-0.5	10336.0	2.9
海南	1626.4	-4.0	832.8	100.9
东部地区	77959.4	-0.9	49110.6	12.4

数据来源：Wind 数据库，2023 年 4 月。

二、市场情况

2022 年，东部地区水泥价格整体呈现下行态势。年初价格接近 600.0 元/吨，年末价格跌至 500.0 元/吨左右。最低价出现在 6 月末的南京，为 430.0 元/吨；最高价出现在 3 月末的济南，为 624.0 元/吨（见表 8-7）。

表 8-7　2022 年东部地区水泥价格（单位：元/吨）

	北 京	天 津	石家庄	上 海	南 京	济 南
1 月末	593.0	570.0	555.0	598.0	590.0	594.0
2 月末	593.0	570.0	555.0	548.0	590.0	594.0
3 月末	563.0	555.0	555.0	583.0	610.0	624.0
4 月末	613.0	572.0	555.0	583.0	540.0	604.0
5 月末	613.0	554.0	538.0	553.0	505.0	564.0
6 月末	557.0	524.0	518.0	473.0	430.0	545.0
7 月末	557.0	495.0	488.0	473.0	443.0	505.0
8 月末	517.0	495.0	488.0	493.0	443.0	505.0
9 月末	537.0	495.0	488.0	513.0	473.0	505.0
10 月末	557.0	511.0	518.0	513.0	473.0	525.0
11 月末	557.0	498.0	518.0	532.0	473.0	535.0
12 月末	517.0	498.0	510.0	482.0	443.0	515.0

数据来源：Wind 数据库，2023 年 4 月。

第九章

中部地区

2022 年，我国中部地区乙烯、硫酸、纯碱等主要石油化工产品产量同比增长，甲醇价格呈"M"型走势；生铁、钢材产量稍有增长，粗钢产量略有下降，螺纹钢和热轧卷板价格呈现先上行后下行态势；十种有色金属产量同比增长，铜价呈"台阶"型变化；水泥、平板玻璃产量均同比增长，水泥价格总体呈现下降态势。

第一节　石油化工行业

一、生产情况

2022 年，中部地区乙烯产量总计 121.5 万吨，同比增长 4.6%，其中湖北省产量最高，达到 93.7 万吨；硫酸产量为 2947.4 万吨，同比增长 25.2%，湖北省硫酸产量高达 1094.1 万吨；烧碱产量为 639.3 万吨，同比增加 20.3%，山西省产量增幅高达 147.9%，仅江西省产量下降,同比降低 15.1%（见表 9-1）。

表 9-1　2022 年中部地区主要石油化工产品生产情况

地　区	乙　烯		硫　酸		烧　碱	
	产量/万吨	同比/%	产量/万吨	同比/%	产量/万吨	同比/%
山西	-	-	59.2	37.0	94.7	147.9
安徽	-	-	703.8	27.1	81.0	30.2
江西	1.4	16.7	342.4	43.2	115.9	-15.1
河南	25.2	5.4	528.4	22.5	186.3	24.5
湖北	93.7	3.2	1094.1	17.8	95.8	3.2
湖南	1.2	300	219.5	38.7	65.6	26.2

续表

地　区	乙　烯		硫　酸		烧　碱	
	产量/万吨	同比/%	产量/万吨	同比/%	产量/万吨	同比/%
中部地区	121.5	4.6	2947.4	25.2	639.3	20.3

数据来源：Wind 数据库　2023 年 4 月。

二、市场情况

甲醇价格以安徽为例，变化趋势与江苏省基本类似，呈"M"型走势。总体在 2400～3300 元/吨之间波动，下半年 3 月上旬达到 3290 元/吨的价格峰值，下半年 10 月上旬达到峰值 3120 元/吨，之后震荡下行，年末价格降至 2440 元/吨，如图 9-1 所示。

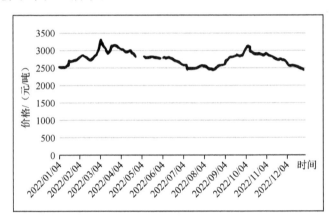

图 9-1　2022 年安徽甲醇市场价格走势

（数据来源：Wind 数据库，2023 年 04 月）

第二节　钢铁行业

一、生产情况

2022 年，中部地区生铁、粗钢和钢材产量分别为 18929.6 万吨、22277.8 万吨和 24882.1 万吨，同比增长 0.9%、-1.8%和 1.0%。2022 年中部地区的生铁和钢材产量占全国总产量的比重分别为 21.9%和 18.6%，均较上年同期略有提高；粗钢产量占比为 22.0%，略低于上年同期水平（见表 9-2）。

表 9-2　2022 年中部地区钢铁生产情况

地　区	生　铁		粗　钢		钢　材	
	产量/万吨	同比/%	产量/万吨	同比/%	产量/万吨	同比/%
山西	5833.5	-2.6	6423.2	-4.7	6354.6	2.9
安徽	2956.5	1.5	3709.2	1.7	3963.0	3.7
江西	2384.7	3.0	2689.9	-0.8	3457.0	-0.7
河南	2743.0	-0.1	3187.2	-3.9	4158.0	-4.1
湖北	2832.3	7.9	3655.6	0.0	3911.1	1.5
湖南	2179.6	0.1	2612.7	0.0	3038.3	2.0
中部地区	18929.6	0.9	22277.8	-1.8	24882.0	1.0

数据来源：Wind 数据库，2023 年 4 月。

二、市场情况

2022 年，中部地区螺纹钢价格走势先震荡上行后缓慢下降。以直径 20mm 的 400MPa 螺纹钢为例，1—4 月份价格缓慢上涨，之后震荡回落。12 月末，直径为 20mm 的 400MPa 螺纹钢在武汉、合肥、长沙、郑州和太原 5 个城市的价格分别达到 4090.0 元/吨、4280.0 元/吨、4270.0 元/吨、4150.0 元/吨和 4120.0 元/吨，较上年末分别下降 13.2%、12.8%、12.0%、11.5% 和 12.7%（见表 9-3）。

表 9-3　2022 年中部重点城市 HRB400 20mm 螺纹钢价格（单位：元/吨）

时　间	武　汉	合　肥	长　沙	郑　州	太　原
2021 年 12 月末	4710.0	4910.0	4850.0	4690.0	4720.0
2022 年 1 月末	4730.0	4990.0	4890.0	4730.0	4880.0
2022 年 2 月末	4740.0	4990.0	4920.0	4810.0	4930.0
2022 年 3 月末	4960.0	5170.0	5130.0	5130.0	5170.0
2022 年 4 月末	4960.0	5210.0	5180.0	5170.0	5130.0
2022 年 5 月末	4720.0	5020.0	4930.0	4770.0	4800.0
2022 年 6 月末	4270.0	4550.0	4440.0	4390.0	4450.0
2022 年 7 月末	4120.0	4340.0	4350.0	4120.0	4130.0
2022 年 8 月末	4080.0	4260.0	4270.0	4090.0	4130.0
2022 年 9 月末	4110.0	4340.0	4340.0	4140.0	4170.0
2022 年 10 月末	3830.0	3960.0	4090.0	3900.0	3880.0

续表

时　间	武　汉	合　肥	长　沙	郑　州	太　原
2022 年 11 月末	3950.0	4060.0	4140.0	3960.0	3870.0
2022 年 12 月末	4090.0	4280.0	4270.0	4150.0	4120.0

数据来源：Wind 数据库，2023 年 04 月。

2022 年，中部地区热轧卷板的价格走势先上行后震荡下行。以 4.75mm 热轧卷板价格为例，1—3 月价格上行达到高峰，之后震荡下行。2022 年年底，武汉、合肥、长沙、郑州、太原 4.75mm 热轧卷板价格分别为 4160.0 元/吨、4180.0 元/吨、4200.0 元/吨、4150.0 元/吨和 4090.0 元/吨，较上年末分别下降 12.4%、15.0%、13.2%、12.8%和 13.5%（见表 9-4）。

表 9-4　2022 年中部重点城市 4.75mm 热轧卷板价格（单位：元/吨）

时　间	武　汉	合　肥	长　沙	郑　州	太　原
2021 年 12 月末	4750.0	4920.0	4840.0	4760.0	4730.0
2022 年 1 月末	4850.0	5050.0	4920.0	4820.0	5000.0
2022 年 2 月末	4950.0	5020.0	4980.0	5000.0	4990.0
2022 年 3 月末	5200.0	5270.0	5250.0	5280.0	5250.0
2022 年 4 月末	5080.0	5100.0	5160.0	5070.0	5160.0
2022 年 5 月末	4840.0	4970.0	4850.0	4760.0	4800.0
2022 年 6 月末	4350.0	4510.0	4400.0	4370.0	4420.0
2022 年 7 月末	3910.0	4060.0	3950.0	3880.0	3980.0
2022 年 8 月末	3970.0	4020.0	4060.0	3920.0	3970.0
2022 年 9 月末	4010.0	4100.0	4100.0	4000.0	4000.0
2022 年 10 月末	3680.0	3960.0	3750.0	3660.0	3680.0
2022 年 11 月末	3930.0	3980.0	4000.0	3900.0	3860.0
2022 年 12 月末	4160.0	4180.0	4200.0	4150.0	4090.0

数据来源：Wind 数据库，2023 年 04 月。

第三节　有色金属行业

一、生产情况

2022 年，中部地区十种有色金属产量为 1525.4 万吨，同比增长 9.4%，占全国总产量的 22.5%，较上年增加 0.9 个百分点。其中，河南省十种有色金属产量达到 464.5 万吨，同比增长 9.7%，占中部地区总产量的 30.5%（见表 9-5）。

表 9-5　2021—2022 年中部地区十种有色金属生产情况

地　区	2022 年		2021 年	
	产量/万吨	同比/%	产量/万吨	同比/%
河南	464.5	9.7	423.6	1.2
安徽	320.4	7.7	297.5	32.5
湖南	232.3	-0.4	233.2	8.5
江西	248.3	13.4	218.9	8.1
山西	145.7	15.5	126.1	29.0
湖北	114.2	20.5	94.8	17.6
中部地区	1525.4	9.4	1,394.2	12.5

数据来源：Wind 数据库，2023 年 4 月。

二、市场情况

以武汉为例，铜现货的平均价格走势与北京的极其相似。2022 年上半年，铜现货平均价格在 70000.0～76000.0 元/吨区间震荡运行，6 月初至 7 月中旬价格出现明显下跌，之后价格震荡上行，并维持在 60000.0～70000.0 元/吨区间。12 月末，铜价达到 66120.0 元/吨，较年初价格下降 5.4%（见图 9-2）。

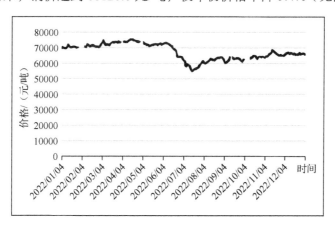

图 9-2　中部地区典型城市铜市场价格

（数据来源：Wind 数据库，2023 年 4 月）

第四节　建材行业

一、生产情况

2022 年，中部地区水泥产量为 60212.1 万吨，同比增长 4.6%。从产量看，安徽省产量最高，达到 14210.9 万吨，同比增长 5.7%；山西省产量最低，为 4798.8 万吨，同比下降 9.2%；从增速看，山西省、江西省产量同比下降，其他省份产量均有所增长。中部地区平板玻璃产量为 24141.9 万重量箱，同比增长 20.4%；其中湖北省产量最高，达到 10705.1 万重量箱，同比增长 20.3%（见表 9-6）。

表 9-6　2022 年中部地区主要建材产品生产情况

区　域	水　泥		平 板 玻 璃	
	产量/万吨	同比/%	产量/万重量箱	同比/%
山西	4798.8	-9.2	2170.9	17.0
安徽	14210.9	5.7	4213.3	8.6
江西	8768.6	-0.5	363.8	0.8
河南	11440.5	11.2	1634.7	-2.7
湖北	11048.9	5.2	10705.1	20.3
湖南	9944.4	7.7	5054.1	50.0
中部地区	60212.1	4.6	24141.9	20.4

数据来源：Wind 数据库，2023 年 4 月。

二、市场情况

2022 年，中部地区水泥价格走势与东部地区大体相同，总体呈现下降态势。年内最高价出现在 1—4 月末的合肥，价格为 639.0 元/吨。最低价出现在 6 月末的长沙，价格为 448.0 元/吨。太原的水泥价格一直维持在 500 元/吨之上，整体波动很小（见表 9-7）。

表 9-7　2022 年中部地区水泥价格（单位：元/吨）

	太　原	合　肥	郑　州	武　汉	长　沙
1 月末	542.0	639.0	539.0	559.0	572.0
2 月末	542.0	639.0	539.0	529.0	592.0

	太　原	合　肥	郑　州	武　汉	长　沙
3月末	572.0	639.0	619.0	559.0	572.0
4月末	572.0	639.0	541.0	520.0	522.0
5月末	572.0	536.0	551.0	510.0	522.0
6月末	512.0	476.0	471.0	477.0	448.0
7月末	512.0	476.0	481.0	487.0	456.0
8月末	512.0	476.0	499.0	517.0	467.0
9月末	512.0	506.0	491.0	498.0	548.0
10月末	542.0	506.0	521.0	498.0	558.0
11月末	542.0	506.0	501.0	538.0	558.0
12月末	542.0	506.0	451.0	486.0	518.0

数据来源：Wind 数据库，2023 年 4 月。

第十章

西部地区

2022 年，我国西部地区乙烯、硫酸、烧碱等主要石油化工产品产量同比增长显著，甲醇价格呈 "M" 型走势；生铁、钢材产量同比略有增长，粗钢产量同比下降，螺纹钢和热轧卷板价格走势均为先上行后震荡下行；十种有色金属产量同比增长，铜价呈 "台阶" 型走势；水泥产量同比下降，平板玻璃产量同比增长，水泥价格总体呈现下降态势。

第一节　石油化工行业

一、生产情况

2022 年，西部地区乙烯产量为 379.1 万吨，同比增长 34.8%；西部地区硫酸产量为 4355.3 万吨，同比增长 24.2%，其中云南省硫酸产量最高，达到 1548.7 万吨；西部地区烧碱产量总计 1220.5 万吨，同比增长 22.5%，其中内蒙古产量最高，达到 357.8 万吨，同比增长 23.4%（见表 10-1）。

表 10-1　2022 年西部地区主要石油化工产品生产情况

地　区	乙　烯		硫　酸		烧　碱	
	产量/万吨	同比/%	产量/万吨	同比/%	产量/万吨	同比/%
内蒙古	-	-	550.9	22.5	357.8	23.4
广西	-	-	463.4	30.7	90.3	22.9
重庆	-	-	93.5	65.5	37.0	19.4
四川	-	-	542.0	20.8	135.9	23.7
贵州	-	-	566.4	43.5	-	-
云南	-	-	1548.7	15.2	23.3	30.2

续表

地　区	乙　烯		硫　酸		烧　碱	
	产量/万吨	同比/%	产量/万吨	同比/%	产量/万吨	同比/%
西藏	-	-	-	-	-	-
陕西	110.9	23.6	134.1	25.0	112.6	20.6
甘肃	70.5	13.9	294.0	35.5	47.1	19.5
青海			14.2	22.4	33.7	21.7
宁夏			62.9	11.7	80.1	26.3
新疆	197.7	53.6	85.2	25.8	302.7	20.9
西部地区	379.1	34.8	4355.3	24.2	1220.5	22.5

数据来源：Wind 数据库，2023 年 04 月。

二、市场情况

甲醇价格以内蒙古为例，与江苏、安徽的价格走势总体类似，呈"M"型走势，总体在 2000～2900 元/吨之间波动。上半年价格先升后降，在 3 月上旬和 3 月底出现两个小高峰 2815 元/吨和 2825 元/吨。下半年在 10 月上旬达到 2735 元/吨的峰值，之后价格回归到年底的 1945 元/吨，与年初价格持平（如图 10-1 所示）。

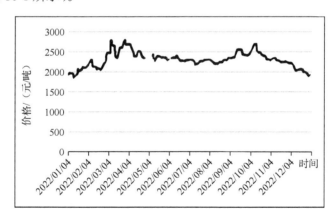

图 10-1　2022 年内蒙古自治区甲醇市场价格走势

（数据来源：Wind 数据库，2023 年 04 月）

第二节 钢铁行业

一、生产情况

2022 年，西部地区生铁产量为 13548.7 万吨，同比下降 2.5%；粗钢产量为 17662.8 万吨，同比增长 1.8%；钢材产量为 21248.6 万吨，同比下降 3.0%。2022 年西部地区生铁、钢材产量占全国总产量的比重分别为 15.7% 和 15.9%，均较上年同期略有下降；粗钢产量的全国占比为 17.4%，高于上年同期水平（见表 10-2）。

表 10-2　2022 年西部地区钢铁生产情况

地　区	生　铁		粗　钢		钢　材	
	产量/万吨	同比/%	产量/万吨	同比/%	产量/万吨	同比/%
内蒙古	2188.8	-6.8	2956.5	-5.2	3041.9	2.9
广西	3013.4	-0.1	3793.2	3.6	4995.6	-5.4
重庆	723.0	7.2	975.1	8.4	1690.6	29.0
四川	2036.4	-2.7	2787.3	0.0	3583.0	2.5
贵州	380.6	1.4	461.9	0.0	607.3	-25.1
云南	1583.3	-7.5	2247.7	-4.8	2204.3	-16.7
西藏自治区	-	-	-	-	-	-
陕西	1188.3	4.6	1475.9	-3.0	2010.5	-4.1
甘肃	810.7	2.7	1084.9	2.4	1091.6	1.0
青海	99.4	-35.6	121.3	-35.0	120.6	-33.7
宁夏	497.7	8.8	596.2	-	578.5	-0.7
新疆	1027.1	-10.5	1162.8	-10.5	1324.7	-9.7
西部地区	13548.7	-2.5	17662.8	1.8	21248.6	-3.0

数据来源：Wind 数据库，2023 年 4 月。

二、市场情况

2022 年，西部地区螺纹钢价格走势呈现先上行后震荡下行的波动特点。以直径为 20mm 的 400MPa 螺纹钢为例，1—4 月份价格上行，4 月份达到价格高点后缓慢下行。12 月末，重庆、成都、贵阳、昆明、西安、兰州和乌鲁木齐 7 个城市的螺纹钢价格分别为 4130.0 元/吨、4140.0 元/吨、4140.0 元/

吨、4200.0 元/吨、4150.0 元/吨、4190.0 元/吨和4070.0 元/吨，较上年年末分别降低 14.1%、13.0%、11.9%、11.8%、11.9%、11.0%和 14.1%（见表 10-3）。

表 10-3　2022 年西部重点城市 HRB400 20mm 螺纹钢价格（单位：元/吨）

时　　间	重庆	成都	贵阳	昆明	西安	兰州	乌鲁木齐
2021 年 12 月末	4810.0	4760.0	4700.0	4760.0	4710.0	4710.0	4740.0
2022 年 1 月末	4850.0	4800.0	4800.0	4930.0	4760.0	4750.0	4850.0
2022 年 2 月末	4920.0	4870.0	4850.0	4970.0	4790.0	4800.0	5000.0
2022 年 3 月末	4990.0	4970.0	4940.0	5050.0	5080.0	5070.0	5100.0
2022 年 4 月末	4950.0	4970.0	5010.0	5080.0	5040.0	5040.0	5100.0
2022 年 5 月末	4640.0	4650.0	4670.0	4920.0	4730.0	4680.0	4670.0
2022 年 6 月末	4330.0	4290.0	4250.0	4400.0	4330.0	4310.0	4300.0
2022 年 7 月末	4170.0	4180.0	4220.0	4260.0	4180.0	4320.0	4250.0
2022 年 8 月末	4200.0	4180.0	4210.0	4270.0	4100.0	4200.0	4220.0
2022 年 9 月末	4110.0	4080.0	4130.0	4160.0	4150.0	4170.0	3990.0
2022 年 10 月末	3860.0	3870.0	3900.0	3930.0	3890.0	3930.0	3870.0
2022 年 11 月末	4060.0	4060.0	4100.0	4190.0	3940.0	3940.0	3870.0
2022 年 12 月末	4130.0	4140.0	4140.0	4200.0	4150.0	4190.0	4070.0

数据来源：Wind 数据库，2023 年 04 月。

2022 年，西部地区热轧卷板价格走势先上行后震荡下行，下半年价格总体保持稳定。以 4.75mm 热轧卷板价格为例，1 月份开始价格保持上行态势，3 月份达到价格高点，随后震荡下行。2022 年年底，重庆、成都、昆明、西安、兰州和乌鲁木齐的价格分别为 4220.0 元/吨、4220.0 元/吨、4310.0 元/吨、4240.0 元/吨、4200.0 元/吨和 4220.0 元/吨，较上年年末分别下降 10.2%、10.4%、9.3%、8.8%、13.4%和 10.2%（见表 10-4）。

表 10-4　2022 年西部重点城市 4.75mm 热轧卷板价格（单位：元/吨）

时　　间	重庆	成都	昆明	西安	兰州	乌鲁木齐
2021 年 12 月末	4700.0	4710.0	4750.0	4650.0	4850.0	4700.0
2022 年 1 月末	4920.0	5000.0	4930.0	4800.0	4910.0	4920.0
2022 年 2 月末	5040.0	5130.0	5090.0	5090.0	5120.0	5040.0
2022 年 3 月末	5390.0	5460.0	5360.0	5360.0	5380.0	5390.0

续表

时　　间	重庆	成都	昆明	西安	兰州	乌鲁木齐
2022 年 4 月末	5220.0	5310.0	5280.0	5320.0	5380.0	5220.0
2022 年 5 月末	5020.0	5110.0	5020.0	4890.0	5060.0	5020.0
2022 年 6 月末	4530.0	4620.0	4550.0	4470.0	4550.0	4530.0
2022 年 7 月末	4030.0	4070.0	4080.0	3960.0	4020.0	4030.0
2022 年 8 月末	4040.0	4000.0	4270.0	4040.0	4170.0	4040.0
2022 年 9 月末	4140.0	4100.0	4220.0	4100.0	4090.0	4140.0
2022 年 10 月末	3860.0	3880.0	4080.0	3800.0	3880.0	3860.0
2022 年 11 月末	3980.0	4020.0	4200.0	3890.0	3870.0	3980.0
2022 年 12 月末	4220.0	4220.0	4310.0	4240.0	4200.0	4220.0

数据来源：Wind 数据库，2023 年 04 月。

第三节　有色金属行业

一、生产情况

2022 年，西部地区十种有色金属产量达到 3942.3 万吨，同比增长 5.5%，占全国总产量的 58.2%，较上年提高 0.5 个百分点。其中，内蒙古十种有色金属产量位居西部地区首位，产量达到 785.5 万吨，同比增长 5.3%，占西部地区十种有色金属总产量的 19.9%。此外，云南、甘肃、贵州等省份产量增速较快（见表 10-5）。

表 10-5　2021—2022 年西部地区十种有色金属生产情况

地　区	2022 年		2021 年	
	产量/万吨	同比/%	产量/万吨	同比/%
内蒙古	785.5	5.3	745.8	2.8
新疆	635.0	-0.8	640.1	4.3
云南	697.1	22.0	571.6	11.8
广西	399.0	-6.7	427.7	3.4
甘肃	417.5	16.5	358.4	2.2
青海	297.6	-0.3	298.4	11.2
陕西	210.2	-0.8	211.8	-4.3
贵州	159.1	11.4	142.8	-12.6

续表

地　　区	2022 年		2021 年	
	产量/万吨	同比/%	产量/万吨	同比/%
宁夏	133.8	1.9	131.3	3.2
四川	148.2	−0.7	149.3	23.9
重庆	58.7	2.4	57.3	1.8
西藏	0.6	−25.0	0.8	−14.4
西部地区	3942.3	5.5	3735.3	4.5

数据来源：Wind 数据库，2023 年 4 月。

二、市场情况

以重庆为例，铜现货平均价格走势与北京、武汉的类似，呈"台阶"型。2022 年 1—5 月份，铜价在 70000～80000 元/吨区间内震荡运行，6 月初至 7 月中旬之间，价格从 72420.0 元/吨持续下跌至 55370.0 元/吨，降幅高达 23.5%；之后价格震荡上行，并维持在 60000.0～70000.0 元/吨区间。12 月末，铜价达到 66170.0 元/吨，较年初价格下降 5.4%（见图 10-2）。

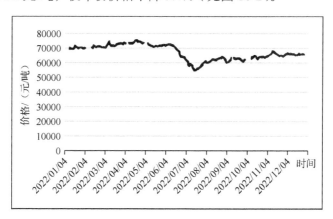

图 10-2　西部地区典型城市铜市场价格走势
（数据来源：Wind 数据库，2023 年 4 月）

第四节　建材行业

一、生产情况

2022 年，西部地区水泥产量为 66207.7 万吨，同比下降 9.4%。从产量看，广西的产量最高，达到 10422.8 万吨，西藏最低，仅为 792.7 万吨；从增速看，只有四川和陕西的产量同比增长，其他省份均为下降。西部地区平板玻璃产量为 20814.8 万重量箱，其中四川省产量最高，达到 6136.1 万吨，占西部地区总产量的 29.5%；贵州的产量增速最快，达到 31.3%（见表 10-6）。

表 10-6　2022 年西部地区主要建材产品生产情况

区　域	水　泥		平板玻璃	
	产量/万吨	同比/%	产量/万重量箱	同比/%
内蒙古	3523.7	−1.0	1117.9	26.2
广西	10422.8	−31.5	3556.4	17.9
重庆	5316.5	−0.4	2252.7	9.6
四川	13068.8	7.3	6136.1	21.9
贵州	6428.0	−22.0	1784.4	31.3
云南	9649.7	−1.6	1688.6	−9.8
西藏	792.7	−12.2	-	-
陕西	6509.2	8.1	2160.8	28.0
甘肃	4008.2	−7.1	500.6	0.1
青海	975.3	−9.7	204.6	−15.4
宁夏	1667.4	−8.8	411.2	12.4
新疆	3845.4	−16.0	1001.5	20.4
西部地区	66207.7	−9.4	20814.8	16.6

数据来源：Wind 数据库，2023 年 04 月。

二、市场情况

2022 年，西部地区水泥价格走势与东部、中部地区总体相似。特别地，成都和昆明的水泥年末价格高于年初价格，呼和浩特的水泥价格全年在 500.0 元/吨附近小幅波动。西部地区水泥年内最高价出现在 1—2 月末的西安，价格为 633.0 元/吨。最低价出现在 6—8 月末的昆明，价格为 392.0 元/吨（见表 10-7）。

表 10-7　2022 年西部地区水泥价格（单位：元/吨）

	呼和浩特	南　宁	重　庆	成　都	昆　明	西　安
1 月末	490.0	545.0	570.0	570.0	394.0	633.0
2 月末	500.0	520.0	561.0	530.0	394.0	633.0

续表

	呼和浩特	南　宁	重　庆	成　都	昆　明	西　安
3 月末	500.0	520.0	550.0	590.0	394.0	573.0
4 月末	490.0	546.0	522.0	590.0	426.0	603.0
5 月末	510.0	516.0	537.0	570.0	426.0	603.0
6 月末	510.0	460.0	505.0	630.0	392.0	531.0
7 月末	490.0	431.0	476.0	560.0	392.0	481.0
8 月末	490.0	403.0	554.0	585.0	392.0	514.0
9 月末	490.0	468.0	524.0	547.0	414.0	514.0
10 月末	490.0	498.0	514.0	547.0	414.0	489.0
11 月末	490.0	498.0	550.0	607.0	534.0	489.0
12 月末	490.0	470.0	496.0	587.0	474.0	509.0

数据来源：Wind 数据库，2023 年 04 月。

第十一章

东北地区

2022 年，我国东北地区乙烯、硫酸和烧碱等主要石油化工产品产量均同比增加，甲醇价格较为平稳；生铁、粗钢产量同比增加，钢材产量略有下降，螺纹钢和热轧卷板价格走势均先上行后震荡下行；十种有色金属产量同比增长，铜价呈"台阶"型变化；平板玻璃产量同比增长，水泥产量同比下降，水泥价格呈下行态势。

第一节　石油化工行业

一、生产情况

2022 年，东北地区乙烯产量为 608.4 万吨，同比增长 12.2%，其中辽宁省产量最高，达到 399.5 万吨，同比增长 9.3%；东北地区硫酸产量为 296.9 万吨，同比增长 36.3%，其中黑龙江省硫酸产量增幅最大，同比增长 178.5%；东北地区烧碱产量为 112.0 万吨，同比增长 28.6%，三个省份产量均有不同程度增长，吉林省增幅最大，达到 490.5%（见表 11-1）。

表 11-1　2022 年东北地区主要石油化工产品生产情况

地　　区	乙　　烯		硫　　酸		烧　　碱	
	产量/万吨	同比/%	产量/万吨	同比/%	产量/万吨	同比/%
辽宁	399.5	9.3	147.6	13.6	75.2	15.9
吉林	80.9	28.0	83.3	29.5	12.4	490.5
黑龙江	128.0	12.7	66.0	178.5	24.4	21.4
东北地区	608.4	12.2	296.9	36.3	112.0	28.6

数据来源：Wind 数据库，2023 年 04 月。

二、市场情况

2022 年，东北地区甲醇价格走势总体在 2200～3000 元/吨区间波动。3 月上旬甲醇价格达到全年峰值 2950 元/吨，下半年价格基本保持稳定，年末价格回归到 2375 元/吨，与年初价格基本持平（如图 11-1 所示）。

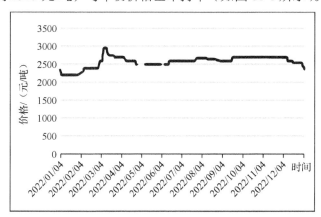

图 11-1 2022 年黑龙江省甲醇市场价格走势

（数据来源：Wind 数据库，2023 年 04 月）

第二节 钢铁行业

一、生产情况

2022 年，东北地区生铁、粗钢和钢材产量为 9286.3 万吨、9769.1 万吨和 10259.2 万吨，同比增速分别为 0.5%、2.3% 和 -2.3%。2022 年东北地区粗钢和钢材产量占全国总产量的比重分别为 9.6% 和 7.7%，较上年同期略有下降；生铁产量的全国占比为 10.8%，高于上年同期水平（见表 11-2）。

表 11-2 2022 年东北地区钢铁生产情况

地 区	生 铁		粗 钢		钢 材	
	产量/万吨	同比/%	产量/万吨	同比/%	产量/万吨	同比/%
辽宁	7101.4	1.1	7451.6	-0.7	7727.5	-0.4
吉林	1307.8	-4.3	1357.0	-11.8	1532.0	-14.4
黑龙江	877.1	3.6	960.5	0	999.7	5.1
东北地区	9286.3	0.5	9769.1	2.3	10259.2	-2.3

数据来源：Wind 数据库，2023 年 4 月。

二、市场情况

2022 年,东北地区螺纹钢价格和热轧卷板价格走势基本相同,变化特点为先上行后震荡下行。以直径为 20mm 的 400MPa 螺纹钢价格为例,1—4 月份价格上行,4 月达到价格高点后震荡下行。12 月末,沈阳和哈尔滨螺纹钢的价格分别为 4120.0 元/吨和 4180.0 元/吨,较上年末分别下降 11.0%、12.6%;热轧卷板价格分别达到 3980.0 元/吨和 4020.0 元/吨,较上年末分别下降 12.7% 和 12.6%(见表 11-3)。

表 11-3　2022 年东北重点城市 HRB400 20mm 螺纹钢和 4.75mm 热轧卷板价格

(单位:元/吨)

时　　间	HRB400 20mm 螺纹钢		4.75mm 热轧卷板	
	沈　阳	哈　尔　滨	沈　阳	哈　尔　滨
2021 年 12 月末	4630.0	4780.0	4560.0	4600.0
2022 年 1 月末	4810.0	4780.0	4670.0	4710.0
2022 年 2 月末	4840.0	4860.0	4790.0	4830.0
2022 年 3 月末	5080.0	5070.0	5040.0	5080.0
2022 年 4 月末	5090.0	5070.0	4940.0	4980.0
2022 年 5 月末	4820.0	4870.0	4770.0	4810.0
2022 年 6 月末	4350.0	4390.0	4350.0	4390.0
2022 年 7 月末	4080.0	4110.0	3910.0	3950.0
2022 年 8 月末	3990.0	4140.0	3920.0	3960.0
2022 年 9 月末	4130.0	4170.0	3980.0	4020.0
2022 年 10 月末	3780.0	4010.0	3640.0	3680.0
2022 年 11 月末	3790.0	3930.0	3760.0	3800.0
2022 年 12 月末	4120.0	4180.0	3980.0	4020.0

数据来源:Wind 数据库,2023 年 04 月。

第三节　有色金属行业

一、生产情况

2022 年,东北地区十种有色金属产量达到 132.0 万吨,同比增长 1.8%,占全国总产量的 1.9%,较上年同期减少 0.1 个百分点。其中,辽宁十种有色金属产量位居东北地区首位，产量达到 101.9 万吨，同比下降 1.7%，占东北地区十种有色金属总产量的 77.2%。吉林十种有色金属产量为 13.6 万吨，同比增长 30.8%（见表 11-4）。

表 11-4　2021—2022 年东北地区十种有色金属生产情况

地　　区	2022 年		2021 年	
	产量/万吨	同比/%	产量/万吨	同比/%
辽宁	101.9	-1.7	103.7	-16.7
吉林	13.6	30.8	10.4	-17.3
黑龙江	16.5	6.5	15.5	17.4
东北地区	132.0	1.8	129.7	-13.8

数据来源：Wind 数据库，2023 年 4 月。

二、市场情况

以沈阳为例，2022 年铜现货平均价格走势也呈"台阶"型。1—5 月份，铜价在 70000.0～80000.0 元/吨区间震荡运行，6 月初至 7 月中旬，价格从 73270.0 元/吨持续下跌至 55370.0 元/吨，最大跌幅为 24.4%；之后价格震荡上行，并维持在 60000.0～70000.0 元/吨区间；12 月末，铜价为 66170.0 元/吨，较年初价格下降 5.4%（见图 11-2）。

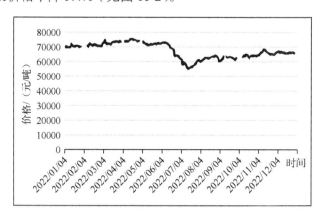

图 11-2　东北地区典型城市铜市场价格走势

（数据来源：Wind 数据库，2023 年 4 月）

第四节　建材行业

一、生产情况

2022 年，东北地区水泥产量为 7415.6 万吨，同比下降 17.7%；辽宁省产量最高，为 3838.4 万吨；三个省份的产量较上年同期均有明显下降。平板玻璃产量为 7211.4 万重量箱，辽宁省产量最高，为 5311.1 万吨，黑龙江产量增速最快，同比增长 32.5%（见表 11-5）。

表 11-5　2022 年东北地区主要建材产品生产情况

区　域	水　泥		平板玻璃	
	产量/万吨	同比/%	产量/万重量箱	同比/%
辽宁	3838.4	-18.7	5311.1	20.2
吉林	1717.5	-19.0	1216.1	28.0
黑龙江	1859.7	-14.3	684.2	32.5
东北地区	7415.6	-17.7	7211.4	22.6

数据来源：Wind 数据库，2023 年 4 月。

二、市场情况

2022 年，东北地区水泥价格走势总体呈现下行态势。年内最高价出现在 1—4 月末的哈尔滨，价格为 647.0 元/吨。最低价出现在 10—12 月末的沈阳，价格为 363.0 元/吨（见表 11-6）。

表 11-6　2022 年东北地区水泥价格（单位：元/吨）

	沈　阳	长　春	哈　尔　滨
1 月末	423.0	622.0	647.0
2 月末	423.0	622.0	647.0
3 月末	423.0	622.0	647.0
4 月末	403.0	622.0	647.0
5 月末	403.0	588.0	617.0
6 月末	383.0	548.0	567.0
7 月末	383.0	508.0	528.0
8 月末	413.0	528.0	563.0

续表

	沈　　阳	长　　春	哈　尔　滨
9 月末	403.0	558.0	573.0
10 月末	363.0	518.0	533.0
11 月末	363.0	518.0	533.0
12 月末	363.0	518.0	533.0

数据来源：Wind 数据库，2023 年 4 月。

园 区 篇

第十二章

吉林化学工业循环经济示范园区

第一节 发展现状

　　吉林化学工业循环经济示范园区于 2008 年 10 月经省政府批准成立，享受省级开发区管理权限，与区政府合署办公。园区先后荣膺国家级新型工业化产业示范基地、国家循环化改造示范试点、国家低碳工业园区试点、中国化工园区 20 强、中国十佳最具投资营商价值园区等多项殊荣。

　　多年来，园区全面贯彻落实"一主六双"高质量发展战略和"四六四五"发展思路，以打造国家级新型工业化产业示范基地为目标，紧密依托中油吉化核心优势，推动形成特色产业链条齐头并进、产业加快转型升级的现代化工产业发展新格局。

　　一是产业体系完整，基础原料优势明显。经过多年发展，园区形成了包括石油化工、合成材料、精细化工等较为完整的化工产业体系，主要化工产品涵盖基础有机化工原料、合成材料、精细化工产品等各领域，丙烯腈、MMA、ABS、苯乙烯、乙二醇、丁苯橡胶、环氧乙烷、环氧丙烷等 60 余种产品在国内外市场占有一定份额。

　　二是企业实力雄厚，国际合作平稳开展。园区现有规模以上工业企业 55 家。中油吉化、德国赢创、林德等公司坐落其中。中油吉化每年原油加工能力 1000 万吨、乙烯生产能力 85 万吨，是全国唯一的乙丙橡胶生产厂家，主要炼化产品 115 种，其甲基异丁基酮、甲基丙烯酸甲酯等 2 套装置生产能力位居全国第一，丙烯腈、乙丙橡胶等 2 套装置生产能力位居全国第二，ABS、聚异丁烯等 3 套装置生产能力位居全国第三。每年，园区内化工企业可以提供化工基础原料近 300 万吨。特别是吉林神华集团与德国赢创、林德等国际化工领军企业共同建设的 30 万吨环氧丙烷产业链项目，开创了区域内一次性引进国际化全产业链项目的先河，为聚氨酯产业的发展奠定了基础。

三是经济发展循环化，创新驱动力稳步提升。作为东北地区首家化学工业循环经济示范园区。园区陆续关停了近百套能耗高、污染重、技术落后的老旧装置，区域内新建项目环评率达 100%。形成废弃物回收利用体系，引进 20 多项专利技术，对工业"三废"进行回收再利用，年回收废弃化工产品 50 余万吨，创造产值 15 亿元。实施产业链设计、公用工程、物流传输、环境保护、管理服务 5 个"一体化"，构建企业自身、园区内部及园区周边 3 个循环圈。

四是基础设施完善，承载能力持续增强。园区坐落于中国东北最重要的水系——松花江畔，人均水资源量为中国北方城市的 5.4 倍。园区环境保护体系健全，建有中国东北地区最大的化工污水处理厂和多座专业生产、生活污水处理厂。日供水能力 12 万吨、供电能力 50 万千瓦；中压蒸汽供应能力 280 吨/小时；低压蒸汽能力为 320 吨/小时。近年来，园区先后投资 12 亿元，大力推进道路、综合管廊、给水管线、供气管线、供电专线等建设基础设施及配套公用工程项目建设，现已经形成供水、供电、供热及污水处理的一体化运行模式。

五是软环境建设优化，政策环境优势凸显。园区内投资企业除享受吉林省、市相关扶持政策外，园区内还制定了相关招商引资优惠政策，其中每年专项设立民营企业发展扶持资金 2000 万元，科技扶持资金 1000 万元，服务业发展扶持资金 2000 万元，对符合园区发展的重大项目进行资金扶持与奖励。园区专门组织精干力量组建成立创业服务中心，专职为企业投资、项目建设办理各项行政审批手续，精准服务体系业已形成。

第二节　发展经验

"十四五"期间，吉林化工园区将倾力打造精细化工产业集群，全力建设北部老工业基础转型样板区，重点谋划化工项目 100 项，总投资 600 亿元，新增产值 500 亿元。打造全市第一个千亿级产业和千亿级开发区，重点在"做优、做强、做精、做实"上狠下功夫。

一、做优基础化工产业

全力支持吉林石化公司炼油化工转型升级项目，预计今明两年内，中石油 120 万吨乙烯项目将落户该区。通过"减油增化"，大幅增加苯乙烯、聚乙烯、环氧乙烷、环氧丙烷、丙烯腈、丁二烯等基础化学品产能，提升基础原料对下游产业链的支撑。重点围绕炼化转型升级项目，延伸化工产业链，新建减水剂聚醚单体项目，推动环氧乙烷产品就地转化；新建有机硅等装置，实现差异化、特色化；新建碳四法甲甲酯、碳五深加工等装置，实现副产品深加工，提高产品附加值。

二、做强精细化工产业

贯彻"创新、集约、绿色、发展"理念，打造精细化工产业集群。推进医药、农药及中间体产业项目，充分利用环氧乙烷、丙烯腈、苯酚等资源优势，大力发展医药中间体产业。以环氧乙烷为原料，发展乙撑胺，延伸生产氨茶碱、甲硝羟乙唑等产品。以建设园区绿色染料产业园为载体，将园区建设成为环保先进、国内知名的染料生产基地。依托中油吉化乙二醇资源，积极推进烷基苯、聚乙二醇等表面活性剂项目建设。打造高端、优质、高效环氧乙烷产业园。以中油吉化公司苯乙烯、辛醇等原料为基础，发展汽车专用料用助剂和促进剂、橡胶助剂母胶粒等助剂项目。

三、做精新材料化工产业

以"创新、绿色、智能、融合"为发展思路，重点打造化工新材料产业。推进化工、汽车两产融合发展，重点推进中油吉化与一汽汽车部件领域深度合作。发展高性能纤维及配套原料。依托中油吉化公司碳纤维科技研发优势和碳纤维产业园建设，加强碳纤维科技研发，开发具有园区特色的碳纤维复合材料及制品。发展特种工程塑料和功能性高分子材料等，推动吉林省中研高分子 PEEK 及 DFBP、苏州双象甲酯苯乙烯共聚物等项目建设。

四、做实循环利用产业

提高中油吉化丙烯腈厂丙烯腈硫酸铵废液和甲甲脂含硫废液综合利用水平。推动紫瑞新材料、大地化工、佰利环保等企业利用区域资源优势与中油吉化公司上下游配套合作，依托废弃化工资源，采取硫酸废液提取技术，建设硫酸、硫酸铵等项目。生产化工、化肥、染料中间体，打造硫、磷、钛绿色化工循环产业，打造园区循环发展新平台。

第十三章

福建宁德不锈钢产业园区

第一节 发展现状

福建宁德不锈钢产业园区，园区以青拓集团为龙头，建设福安湾坞不锈钢城，延伸带动周宁李墩工业区、柘荣乍洋产业园、霞浦溪南-牙城等周边不锈钢精深加工区发展。

园区重点开发高品质特种钢铁材料，引导产业向高端结构材料、复合材料等精深加工延伸，大力拓展标准和非标配件、医疗器械、核电用钢、航空机械、厨卫设备、建筑装饰等精深加工领域，推动不锈钢参与新能源汽车配套，形成涵盖冶炼、连铸、热轧、冷轧及制品加工为一体的完整产业链，已拥有镍铁产能约 200 万吨，不锈钢粗钢产能 560 万吨，不锈钢产能约占全国的 20%、全球的 10%。园区坚持绿色发展、创新发展，持续向精深加工领域延伸、全产业体系布局，产值接近 3000 亿元，建成全球最大、最具竞争力的不锈钢产业基地。2022 年 3 月，福安湾坞不锈钢新材料产业园，获批国家新型工业化产业示范基地。

园区建设以三都澳物流中心为主体，以霞浦物流中心、福鼎物流园中心为辅的湾区物流体系，大力发展港口仓储、保税物流、集装箱运输、商务贸易、保税加工，构建了物流信息数据库、物流公共信息平台和物流标准服务平台，发展了智慧物流。

第二节　发展经验

一、推动传统园区改造升级

以转型升级、提质增效为主线，有序推进福安经济开发区、福鼎龙安开发区、霞浦牙城工业集中区等园区"腾笼换鸟"，加快淘汰落后产能企业，促进存量低效建设用地"二次开发"，提高工业用地产出效率，加快园区转型发展。鼓励通过"改功能、不改性质"等方式，引导低效、闲置产业用地向新兴产业、生产性服务业、高科技服务业转型。

二、推进数字化建设

园区推进政务数据中心建设，适时推动数字宁德云计算中心建设，推广"政务云""金融服务云"等大数据应用。打造集企业总部、科技研发、创新孵化、生产制造等功能于一体的物联网创新发展中心，引导智能制造、智能网联汽车等物联网上下游产业链协作发展。引进动漫游戏、工业设计、网络文学、网络影视等数字文化企业，布局宁德创意经济集聚区。

第十四章

湖南郴州有色金属产业园区

第一节　发展现状

　　湖南郴州有色金属产业园区是 2003 年 4 月 18 日经湖南省人民政府批准设立的省级开发园区，规划面积 22.5 平方公里，首期开发 5 平方公里，其中出口加工区 3 平方公里。位于郴州市苏仙区，是郴州市城市"南延东进"发展规划（1995—2015 年）的东城区和工业新城。郴州出口加工区位于郴州有色金属产业园区内，是 2005 年 6 月 3 日经国务院批准设立的国家级出口加工区，2007 年 7 月 20 日通过了国家九部委的联合验收，同年 11 月正式封关运营。两区实行"一个机构、两块牌子"的管理模式。

　　园区按照"生态、特色、科技、效益"的建园理念，牢牢树立"解放思想无止境，咬定发展不放松"的发展理念，大力实施"大企业引进，大项目带动，争当新型工业化排头兵"发展战略，以建成国家级园区为目标，着力打造湖南省稀贵金属深加工产业基地、湖南省数字视讯产业基地和承接沿海加工贸易梯度转移示范园区。目前完成投资近 30 亿元，首期开发的 5 平方公里区域内的"七通一平"等基础设施和海关监管设施建设已基本完成，园区配套设施完备，海关、商检、税务、银行、仓储物流等各种机构和中介组织齐全，能充分满足入园企业生产、生活和海关监管之所需。郴州有色金属产业园区重点发展有色金属深加工产业和先进制造业，郴州出口加工区重点发展产品出口率在 70%以上的电子视讯产业。目前，园区共引进入园企业 64 家，其中出口加工贸易型企业及配套企业 14 家。涌现出了柿竹园有色、钻石钨制品、金贵银业、台达电子、华录数码、海志电源、湘金有色、湘香锡业、国达有色、天兴有色、郴州粮机等具有园区产业特色的优势企业（其中有 9 家企业被省级科技主管部门认定为高新技术企业）。主要生产钨、锡、铋、钼、铅、银等有色金属深加工产品和移动通信工具、视讯设备、LED、电源等电子产品。其中，钨冶炼系列产品、硝酸银、银基纳米抗菌材料、高纯铋、钴盐制品、环保型铜（银）基钎料、智能双电源自动切换（器）箱、半喂入式联合收割机、变形镁合金连续挤压产品、新型防伪商标盒等被认定为高新技术产品。

第二节　发展经验

一、加快产业转型升级步伐

一是提升产品质量。坚决贯彻国务院化解产能过剩的方针政策，禁止有色金属冶炼和一般加工产能盲目扩张。依靠技术改造和技术创新，提高有色金属产品技术含量和发展高附加值产品，提高先进装备和先进生产能力的比重，淘汰落后生产能力；在重点提升传统优势产品结构的同时，积极发展铜、铅、锌等深加工产业，扩大铜、铅等产品使用范畴；积极研发基础材料和新材料，突破有色新材料关键核心技术，满足对高铁、商业飞机、航空航天等高技术重大工程急需。二是升级产业结构。积极发展一批具有"专、精、特、新"特征的中小企业，形成以产业链为纽带的、相互促进、协调发展的格局。通过企业强强联合、重组，培育具有核心竞争力和自主知识产权的龙头企业。三是优化产业布局。充分发挥区域资源优势和特色，引导有色金属相关产业有序转移和集聚发展，加快培育和发展一批重点产业集群和产业基地。

二、推动工业化和信息化融合

信息网络技术的应用推动生产方式变革，网络制造、智能制造等日益成为生产方式变革的方向。园区抓住机遇，积极促进信息化要素与产业研发、生产过程、企业管理、产品销售等关键环节的融合，提高产品自动化、智能化、网络化水平。围绕战略性新兴产业发展的需求，推进工业化和信息化深度融合，全面提升有色金属产业信息化水平；同时，积极研发高性能、高附加值的节能环保产品和装备；研发新材料产品，并实现产业化，为发展与有色金属相关的战略性新兴产业赢得战略制高点。

三、积极培育高精尖产业人才

园区充分发挥产学研的一体化产业运作优势，切实培养一批高精尖的有色金属研发人才，为优化有色金属产业机构和产品结构提供强有力的人才保障。园区高度重视企业家、理解企业家、尊重企业家、呵护企业家，切实培养一批高素质的有色金属产业职业经理人。积极通过培养、引进和进修等多种措施，切实改善目前有色金属产业从业人员质量不高、结构不好的状况。比如，充分依托湖南有色金属职业技术学院、郴州职业技术学院等高校培养高素质实用型专业人才；与此同时，积极完善进人和用人机制，尤其是对高级人才加大引进力度，并以高薪委以重任，对于现有的中低技术人才，着力通过在职培训、进修培训等形式来提高人才的质量。

四、提升园区循环经济发展水平

园区不断加大有色金属循环经济发展的资金支持力度，加强有色金属产业发展园区的"三废"治理工作，努力提高有色金属资源的利用率。一是按照中央政府的有关要求，严格执行国家层面的循环经济法律法规。二是强化有色金属产业发展循环经济的政策支持力度。比如，建立郴州市有色金属工业循环经济领导小组并实施发展循环经济工作联席会议制度，从而为全市有色行业循环经济发展提供指导、协调和服务。三是不断加大有色金属产业循环经济发展的资金投入力度，重点对科技创新型有色金属企业进行资金帮扶和财政补贴，与此同时对于那些高污染型有色金属企业实施严厉的惩罚措施，逐步构建生态补偿机制，努力实现有色金属产业的经济效益与社会效益的有机统一。

第十五章

湖北东宝建筑材料工业园区

第一节　发展现状

　　湖北东宝工业园区于 2008 年 2 月获省政府批准进行筹建，园区总体规划面积 55 平方公里。2009 年 9 月，国家现代林业湖北东宝森工科技产业园落户东宝与原东宝工业园区进行合并，组成新的东宝工业园区。产业发展上，园区以绿色建材和装配式建筑、电子信息两大产业为主导，增强招商引资力度，加强园区建设，在绿色建材和装配式建筑产业上，与国家住建部合作规划建设了占地 1.8 万亩的绿色建材和装配式建筑产业园。目前，有企业 90 家，年产值 100 多亿元，被纳入省级重点成长型产业集群，引进全球最大秸秆板生产企业万华板业、中国十大定制家居品牌诗尼曼家居、全国十大衣柜品牌亚丹家居、全国首家钢结构上市企业杭萧钢构、PC 构件行业龙头中建 PC 等龙头项目，呈现出绿色建材和装配式建筑产业集群集聚发展的良好态势。

第二节　发展经验

一、重点产业发展名片

　　园区坚持以"创新、协调、绿色、开放、共享"的新发展理念统领发展全局，着力提高发展质量和效益，不断提档升级，绿色建材和装配式建筑、电子信息两大主导产业。形成了以宝源木业 OSB 板、万华禾香板、亚飞木塑板"三张环保板"的基材优势，钢结构、木结构、PC 结构等三种建造结构的齐全优势。。

二、加快重点项目建设进度

目前，园区共建项目 56 个（电子类 25 个、绿色建材类 31 个），计划总投资 253.7 亿元。弘信电子、田菱电子、协进二期、伊仕利家居、杰普等 26 个项目加快建设，万华秸秆综合利用、永创鑫线路板、俊丰钢构等 30 个项目建成投产。

三、推进安家计划落实效果

园区积极推进安家计划，通过开展万名返乡农民工游园留园、专场招聘会、建立人才培养输出合作关系、优化调整园区公交线路等。累计帮助企业招工 7000 余人，共为 25 家企业 7450 人次兑现加班、夜班补贴 338 万余元，帮助企业职工申报住宅 3600 余套，实行永创鑫、协进、弘汉等 5 家重点企业上下班"公交定制"，员工乘车更方便。

第十六章

内蒙古包头稀土高新技术产业开发区

第一节 发展现状

　　内蒙古包头稀土高新技术产业开发区（以下简称"稀土高新区"）成立于 1990 年，1992 年被国务院批准为国家级高新区，由建成区、希望园区和正在崛起的滨河新区三部分组成，总面积约 120 平方公里，注册企业 8447 家。其中，稀土企业 95 家，上市公司投资企业 22 家；世界 500 强企业 7 家，外资企业 39 家；高新技术企业 81 家、创新型试点企业 79 家、科技"小巨人"企业 8 家。全区企业研发中心 73 家，其中，自治区级以上 49 家。累计专利授权量 3335 件，万人有效发明专利达 73.2 件，居全市之首。拥有国家"万人计划"人才 2 人，占全市的 66%；"千人计划"人才 7 人，占全市的 54%；内蒙古"草原英才"工程人才 26 人，占全市的 20%。

　　稀土高新区的交通条件十分便利，距火车站 6 公里，距民航机场 16 公里，区内拥有多条城市规划主干道，辅以纵横交错的区间路，形成了四通八达的快捷交通网络。重点企业有法国罗地亚、英国久益、日本三德、日本昭和及国内的东方希望、宁波韵升、伊利乳业、山东药玻、北方股份、阿特拉斯、华泰汽车等。目前主要的产业有高性能烧结稀土永磁材料、粘结稀土永磁材料、超磁致伸缩材料、稀土储氢材料、各种稀土荧光粉、稀土催化剂、各类稀土抛光粉、稀土高级陶瓷材料、稀土磁致冷材料、塑料用稀土热稳定剂、稀土超导材料、稀土玻璃等。稀土高新区先后被认定为"国家新型工业化产业示范稀土新材料基地""国家海外高层次人才创新创业基地""国家高新技术产业开发区创新型特色园区"等。

第二节　发展经验

一、淘汰落后产能，推行绿色发展

包头稀土高新区以绿色发展倒逼产业转型，坚持以最小的环境代价实现最大的社会和经济效益，通过优化产业布局，淘汰落后产能，推行绿色发展，秉承"减量化、再利用、资源化"的循环经济发展理念，逐步形成沿黄生态化、产业绿色化、生活节能化的产业发展新格局。

二、坚持科技创新，实现提质增效

着力加强"科技创新"，依托稀土研究院等研发平台，形成世界领先的稀土研发力量，以做大、做强、做长稀土产业为抓手，瞄准"量、质、链"，不断擦亮"稀土产业"金字招牌，全力打造磁材、镧铈综合应用及稀土合金等产业集群，实现稀土产业逐步迈向中高端。

三、构建创新支撑体系，积聚高端创新人才

稀土高新区累计引进和培育人才 354 人，其中，海归博士 122 名，海归硕士 119 名，其他高层次人才 113 名；国家"千人计划"7 名、"万人计划"2 名；内蒙古"草原英才"工程人才 31 名；"草原英才"创业团队 11 个，创新创业基地 1 个，"鹿城英才"23 名。

企 业 篇

第十七章

中国石油化工集团有限公司

第一节　企业基本情况

中国石油化工集团有限公司（以下简称"公司"）的前身是中国石油化工总公司，于 1983 年 7 月成立。1998 年 7 月重组成立中国石油化工集团公司，2018 年 8 月改制为中国石油化工集团有限公司。中国石油化工集团有限公司总部设在北京，注册资本 3265 亿元人民币，是中国最大的成品油和石化产品供应商、第二大油气生产商，是世界第一大炼油公司、第二大化工公司，加油站总数位居世界第二，在 2021 年《财富》世界 500 强企业中排名第 5 位。

中国石油化工集团有限公司主营业务涵盖范围广。一是，实业投资及投资管理，石油、天然气的勘探、开采、储运（含管道运输）、销售和综合利用。二是，煤炭生产、销售、储存、运输。三是，石油炼制，成品油储存、运输、批发和零售。四是，石油化工、天然气化工、煤化工及其他化工产品的生产、销售、储存、运输。五是，新能源产品的生产、销售、储存、运输，新能源汽车充换电业务及相关服务。六是，石油石化工程的勘探、设计、咨询、施工、安装，石油石化设备检修、维修。七是，机电设备研发、制造与销售，电力、蒸汽、水务和工业气体的生产销售。八是，技术、电子商务及信息、替代能源产品的研究、开发、应用、咨询服务。九是，自营和代理有关商品和技术的进出口，对外工程承包、招标采购、劳务输出，以及国际化仓储与物流业务等。

第二节　企业经营情况

2022 年，公司实现营业收入 33181.68 亿元，同比增长 21.06%，利润总额 945.15 亿元，同比增长 12.77%。期末资产总计 19486.4 亿元，同比增长 3.1%。负债总额 10114.87 亿元，同比增长 3.9%。

第三节　企业经营战略

加强战略规划。2022 年，公司通过中长期发展规划，稳妥推进存托股份退市，在境内外同步实施上市以来首次股份回购，积极维护公司价值。同时，公司修订多项治理制度，夯实规范治理的制度基础，深化内控体系建设，内控制度执行有效性不断提升。公司高质量做好信息披露和投资者关系管理，连续九年获得上海证券交易所信息披露 A 级评价。公司注重党的建设与企业发展有机融合，助力董事会各项决策部署有效落实。

高质量发展步伐坚实。公司上游业务全力扩大资源基础，推进增储上产，东部页岩油、西部深层勘探开发取得重大突破，境内油气储量替代率达 165%。炼化业务加快优势产能建设，稳步推进"油转化"、"油转特"、镇海基地、海南乙烯、古雷炼化一体化等项目有序实施。油品销售业务优化网络布局，加快向"油气氢电服"综合能源服务商转型。"工业互联网+"、数智化转型取得新进展。公司积极稳妥布局氢能、光伏、充换电业务，投运我国首个百万吨级 CCUS 示范项目，组建我国首家碳全产业链科技公司。

科技创新实力持续增强。公司深化科技体制机制改革，调动广大科研人员积极性，不断加大科技研发投入力度，推进关键核心技术攻关，强化前沿基础研究，科技创新成果丰硕。特深层油气勘探开发及工程、页岩油气地质工程一体化、特种橡胶等关键核心技术攻关取得新进展，高等规聚丁烯-1 等一批关键技术取得重大突破。全年境内外专利授权数量再创新高，专利综合优势继续位居央企前列。

ESG 工作成效扎实。公司董事会高度重视 ESG 工作，注重将 ESG 纳入战略管理，加强顶层设计，夯实管理基础，加强 ESG 沟通与披露，ESG 绩效得到资本市场认可。公司积极应对全球气候变化，启动实施 2030 年前碳达峰行动方案，深入实施污染防治攻坚战，大力发展清洁能源，助力生态文明建设。全力保障能源供应，维护产业链供应链稳定。公司积极探索企业助力乡村振兴模式，以销售带产业、以产业带振兴、以教育带发展。全力服务保障北京冬奥委会、冬残奥委会。深入实施"春蕾加油站"等公益项目，持续推动境内外作业项目所在地经济、环境、社会协调发展，公司发展成果更多惠及民众。

上游业务着力夯实资源基础。公司全力增储稳油增气降本，推动原油效益开发和天然气效益上产。炼油业务有序推进低成本"油转化"，加大"油转特"力度，加快装置结构调整和优势产能建设。化工业务坚持"基础+高端"方向，强化高附加值产品产销研用一体化管理，提升产品竞争力，培育高质量发展新优势。销售业务大力创新商业模式，发展新能源终端，推动"油气氢电服"综合能源服务商建设。

第十八章

北京首钢股份有限公司

第一节　企业基本情况

北京首钢股份有限公司（以下简称"公司"）始建于 1919 年，是我国钢铁工业的缩影、改革开放的一面旗帜，是北京市国企深改综合试点单位，入选国务院国企改革"双百企业"。首钢集团聚焦钢铁业、园区开发与运营管理、产融结合、新产业四个板块协同发展，成为跨行业、跨地区、跨所有制、跨国经营的大型、综合国有企业集团，2011 年以来十一次上榜《财富》世界 500 强。2005 年，首钢自觉服从国家奥运战略和首都城市发展功能定位，率先实施钢铁业搬迁调整，在曹妃甸建成代表 21 世纪国际先进水平的"钢铁梦工厂"，成为我国由中心城市搬迁调整向沿海发展的钢铁企业排头兵，被北京市政府授予"功勋首钢"称号。同时，首钢跨地区联合重组长钢、水钢、贵钢、通钢、伊钢，产业布局拓展到沿海和资源富集地区，形成 3500 万吨钢生产能力，产品结构实现向高端板材为主转变。2022 年 3 月，习近平总书记在全国两会期间高度评价首钢滑雪大跳台，这是绿色转型，是钢铁产业转型变成了体育产业。

第二节　企业经营情况

2022 年，公司实现营业收入 1181.42 亿元，同比下滑 11.16%；归属于上市公司股东的净利润 11.25 亿元，同比下滑 84.18%。经营活动产生的现金流量净额 100.44 亿元，归属于上市公司股东的净资产 479.47 亿元。期末资产总计 1431.73 亿元，同比降低 4.19%。

第三节　企业经营战略

坚持做优做强钢铁业。公司积极践行新发展理念，推动技术领先成为首钢核心竞争力，着力打造产品、质量、成本、服务、技术"五大优势"。持续优化产品结构，2016 年以来累计实现 7 项产品全球首发、41 项产品国内首发。汽车板电工钢市场占有率稳步提升，连续多年成为宝马、奔驰重要供应商，跻身变压器材料供应企业第一梯队，成为白鹤滩水电站、乌东德水电站变压器材料主供应商；镀锡板实现高端客户全覆盖，成功迈入国内镀锡板生产企业第一方阵；其他重点产品大量应用于西气东输、"蓝鲸 1 号"、高铁动车、火箭飞船等国家重点工程和国之重器。

打造新时代首都城市复兴新地标。公司紧抓冬奥机遇，始终坚持以习近平总书记对北京的重要讲话为根本遵循，认真落实市委市政府各项要求，自觉服务北京市"四个中心"功能建设，统筹推进首钢园区文化复兴、生态复兴、产业复兴、活力复兴，建成石景山景观公园、冬奥广场、工业遗址公园三大片区等空间载体，不断释放传统工业资源的生命力。高标准完成"一赛场、一总部、四中心、多队伍"等冬奥服务保障任务，交出了"双奥之企"的优异答卷。谋划首钢园区后冬奥时期高质量发展，推进园区产业集聚、重大项目落地见效，推动冬奥"冷资源"变"热经济"，全力打造"一起向未来"的城市复兴新地标，展现一个冬奥遗产与工业遗存交相辉映、老工业区华彩蝶变为城市更新典范的首钢。

持续深化产融结合。公司设立首钢基金公司，组建首钢财务公司，加强资本运作，推动资源配置转向主业和优势产业，打造新的经济增长点。首钢基金打造"融资—投资—运营"一体化模式，通过出资及撬动外部资本助力园区开发；布局 REITs（不动产投资信托基金）赛道，2021 年 6 月，首钢绿能（基础设施公募 REITs）在深圳证券交易所上市。首钢供应链金融平台上线运行，开出"首钢京票"，成为北京市较早可开立供应链多级流转债权凭证的国企。首钢基金管理规模达 600 亿元，既全力服务首都"四个中心"建设和京津冀协同发展，也支持了首钢的改革发展。

扎实推进新产业培育。公司聚焦新材料、新能源、环境产业、静态交通等领域，加快新产业培育。首钢吉泰安自主研发的"蚕丝钢"、北冶公司参与"神舟"系列飞船、运载火箭、嫦娥工程等重大领域重点项目、首钢环境的城市固废项目、首钢朗泽的合成生物技术、首程控股的交通枢纽类停车项目、首钢城运的立体停车库项目、首钢建设的海外工程、首自信公司的智能服务、首钢国际的技术服务、首钢矿投的投资经营、首钢实业的物业、首钢体育的品牌等各具特色。

积极开展国际化经营。在改革开放之初首钢即开始尝试发展海外事业。1992 年在香港成立首钢控股（香港）有限公司，并陆续兼并收购 4 家香港上市公司，同年收购秘鲁铁矿，拥有秘鲁马尔科纳 670 平方公里永久开采权。经过 30 多年跨国经营的探索与发展，首钢已形成以矿产资源、静态交通运营管理为主的境外产业布局，境外子公司分布在秘鲁、新加坡、韩国、印度、中国香港等 10 个国家和地区。

第十九章

紫金矿业集团股份有限公司

第一节　企业基本情况

紫金矿业集团股份有限公司（以下简称"公司"）是一家在全球范围内从事铜、金、锌、锂等金属矿产资源勘查、开发及工程设计、技术应用研究的大型跨国矿业集团公司，致力为人类提供低碳矿物原料。公司位列 2022 年《福布斯》全球上市公司第 325 位，《福布斯》中国可持续发展工业企业 TOP50，《财富》世界 500 强第 407 位，《财富》中国 500 强第 53 位。公司在西藏巨龙铜矿、黑龙江多宝山铜矿、福建紫金山铜金矿、新疆阿舍勒铜矿、山西紫金、贵州紫金、陇南紫金等，境外的塞尔维亚丘卡卢-佩吉铜金矿、塞尔维亚博尔铜矿、刚果（金）卡莫阿铜矿、刚果（金）科卢韦齐铜矿、哥伦比亚武里蒂卡金矿、苏里南罗斯贝尔金矿等海内外国家和地区拥有重要矿业投资项目。截至 2022 年底，公司保有探明和控制及推断的资源量有铜 7372 万吨、金 3117 吨、锌（铅）1118 万吨、银 14612 吨，以及锂资源量（当量碳酸锂）1215 万吨。公司创立"矿石流五环归一"矿业工程管理模式，创建"低品位难处理黄金资源综合利用国家重点实验室"，建立完整的地、采、选、冶、环科技体系，形成全环节的自主技术和工程能力，同时，公司遵循国际标准构建具有紫金特色的环境、社会和管治（ESG）体系，全面推进了绿色高质量生态矿山发展。公司坚持"开发矿业、造福社会"的共同发展理念，坚持"创造价值，共同发展"为企业价值观，先后三次荣获"中华慈善奖"。公司作为全球矿业市场的重要参与者，致力于打造"绿色高技术超一流国际矿业集团"，以优质矿物原料为中国及全球经济增长和可持续发展助力。

第二节　企业经营情况

公司在 2022 年年度报告期内实现营业收入 2703.29 亿元，同比增长 20.09%，利润总额 299.93 亿元，同比增长 20.97%，公司净利润 200.42 亿元，同比增长 27.88%，总资产 3060.44 亿元，同比增长 46.72%，归属于上市公司股东的净资产 889.43 亿元，同比增长 25.21%。

第三节　企业经营战略

2023 年 1 月 30 日，公司公告了新修订的《三年（2023—2025 年）规划和 2030 年发展目标纲要》，明确公司的战略定位为：全球化、项目大型化、资产证券化；专注矿业、资源优先、协同发展；共同发展、绿色低碳、全面提升 ESG 水平；提出到 2025 年基本建成全球化运营管理体系，努力接近全球一流金属矿业公司水平；到 2030 年综合指标排名进入全球一流矿业公司行列，建成"绿色高技术一流国际矿业集团"，铜、金矿产品产量进入全球排名 3～5 位，锂进入全球前 10 位。

规划引领业务发展。公司将坚持矿业为主导，介入新能源矿产并适度投资新材料产业，统筹国内、国际两个市场，着力解决日益全球化与局限的国内思维及管理方式之间的矛盾，构建具有紫金特色的先进全球化运营管理体系。到 2025 年，基本建成全球化运营管理体系，基本解决国际化人才问题，主要经济指标和 ESG 关键绩效提升，努力接近全球一流金属矿业公司水平。到 2030 年建成"绿色高技术一流国际矿业集团"，到 2040 年全面建成"绿色高技术超一流国际矿业集团"。

控本增效提质量。公司提出将以"提质、控本、增效"为工作总方针，破解日益全球化与局限的国内思维及管理方式之间的矛盾，夯实全球矿业竞争力，推进全球化运营管理和绿色低碳 ESG 可持续发展。坚持走紫金特色的全球化发展道路，在业务规模持续增长的基础上，构建绿色低碳高质量可持续发展模式；坚持控制成本为企业管理的永恒主题，进一步提升精细化管理水平和自主创新核心竞争力，重塑全球矿业比较竞争优势；推动增量项目能全面释放、存量项目稳产高产提质增效，加快资源优势向经济社会贡献转化。同时，培厚资源基础，重点关注全球重要成矿带、全球超大型资源、国内及周边重大资源的并购；内部培养和外部引进相结合，建设高适配的全球人才队伍；打造相关方"创造价值、共同发展"的良好业态，提升紫金文化全球竞争软实力。强化"红线思维""底线意识"，提高跨国业务监督能力，增强系统性风险防控能力。

第二十章

中国建材股份有限公司

第一节　企业基本情况

中国建材股份有限公司（以下简称"公司"）是一家投资控股公司，包括四个业务部门。一是水泥部门，主要生产和销售新型干法（NSP）水泥和商业混凝土。二是轻质建材部门，主要生产和销售隔墙吊顶体系。三是玻璃纤维及复合材料部门，主要生产和销售风机叶片、玻璃纤维和复合材料。四是工程服务部门，主要向玻璃与水泥制造商提供工程服务，并从事设备采购业务。

第二节　企业经营情况

2022 年，公司实现营业收入 2301.68 亿元，同比下降 16.49%，公司净利润 79.62 亿元，同比下降 51.16%。

第三节　企业经营战略

一是稳中求进，打赢稳增长攻坚战。公司确保实现质的有效提升和量的合理增长；持续深化"三精"管理，经营精益化聚焦盈利，管理精细化聚焦降本，组织精健化聚焦瘦身；围绕落实国家战略、优化行业生态、助力双循环等，构建大战略立体合作体系，持续推进行业供给侧结构性改革，推动行业高质量发展。

二是多维赋能，推动产业转型升级。基础建材板块紧抓"水泥+"、国际化、双碳三大翘尾因素，围绕存量优化，巩固传统核心市场，做强做优潜力市场，继续稳固效益根基；新材料板块加强形势研判、加快布局扩张，多维培育具有全球竞争力的主导产品，加强成果转化和产业培育力度，大幅提高产销规模；工程技术服务板块持续精耕细作，重构业务与组织模式，以数字化智能化、高端装备"双轮驱动"，由 EPC 总包向技改、运维和备品备件服务转型，并为本集团数字化、绿色化、国际化提供有力支撑；加大战略性投资，在新业态孵化、新产业培育、新技术攻关上发挥引领带动作用。

三是创新驱动，推进产业数字化。加强关键核心技术攻关，打造原创技术策源地，加快形成关键材料领域亮点成果；加快数字化转型，推进生产制造数字化智能化，打造指标更加优异的新一代智能工厂和数字矿山。

四是绿色发展，低碳转型不断迈进。扎实推进双碳工作，抓源头减碳、过程降碳、末端固碳、全流程管碳，加快绿色低碳转型，推进能源结构清洁化，提高光伏、风电等绿色能源比例，推进能源利用高效化，加快形成规模效益、社会效益、品牌效益。

五是全球布局，积极推进国际化战略。加大"走出去"步伐，紧盯海外市场特别是"一带一路"国家建设机遇，依托海外工程项目和资金，加速国际化布局。

六是深化改革，强化提升改革效能。巩固深化国企改革三年行动成果，完善中国特色国企现代公司治理，进一步健全市场化经营机制；持续推进公司董事会"一企一策"发挥"定战略、作决策、防风险"职能；积极推动应用中长期激励工具，构建个人与公司的"利益联动"机制。

七是价值管理，提升价值创造能力。深入推进资本运作，深化基础建材板块第二阶段业务整合，积极推进新材料板块业务整合，加强水泥装备、运维业务融合，不断提高公司核心竞争力和市场影响力；着眼内强质地、外塑形象，持续开展提高上市公司质量专项行动，坚持价值创造与价值实现兼顾，积极维护股东权益，形成高质量发展良性循环。

中国稀土集团有限公司

第一节　企业基本情况

　　中国稀土集团有限公司（以下简称"公司"）成立于 2021 年 12 月 23 日，是国务院国有资产监督管理委员会直接监管的股权多元化中央企业。由中国铝业集团有限公司、中国五矿集团有限公司、赣州稀土集团有限公司等为实现稀土资源优势互补、稀土产业发展协同，引入中国钢研科技集团有限公司、有研科技集团有限公司等两家稀土科技研发型企业组建而成，是一家按照市场化、法治化原则组建的大型稀土企业集团。

　　中国稀土集团聚焦稀土的科技研发、勘探开发、分离冶炼、精深加工、下游应用、成套装备、产业孵化、技术咨询服务、进出口及贸易业务，坚持集团化经营、集约化发展，加大科研投入，集成创新资源，提升稀土新工艺、新技术、新材料的研发应用能力，进一步畅通稀土产业链上下游以及不同领域之间的沟通衔接，更好地保障传统产业提质升级和战略性新兴产业发展，致力打造世界一流稀土企业集团。

第二节　企业经营情况

　　2022 年，公司实现营业收入 37.86 亿元，同比增加 27.33%，公司净利润 4.16 亿元，同比下降 112.7%。截至 2022 年报告期末，公司净资产 31.20 亿元，同比增长 15.50%。

第三节　企业经营战略

　　维护国家战略资源安全稳定。中国稀土集团深度整合科技研发资源，强化产学研用深度融合，加快企业绿色化、数字化、智能化改造升级，引领稀土行业自主创新和绿色可持续发展。实施人才兴企战略，构建科技协同集成机制，聚焦国家战略需求和行业卡脖子技术领域的高端人才，全面激发各类人才创新创造活力。以科技创新为动力，真正把稀土资源优势转化为战略优势和经济优势，奋力实现从稀土大国转变为稀土强国。服务党和国家大局。始终以服务国家战略、支撑引领高质量发展为主线，沿着绿色发展、创新发展、高端发展、可持续发展的路线，推动我国从稀土大国向稀土强国迈进。

　　服务区域经济社会发展。中国稀土集团坚决担起国家中重稀土产业整合的主体责任，将赣南稀土资源优势转化成产业优势、经济优势，为建设赣南革命老区高质量发展示范区注入强劲动力。服务人民群众。持续巩固党史学习教育成果，立足赣南革命老区，践行央企担当，助力赣南革命老区人民逐步过上更加富裕幸福的生活。

政　策　篇

第二十二章

2022 年中国原材料工业政策环境分析

2022 年是党和国家历史上极为重要的一年。在以习近平同志为核心的党中央坚强领导下，我国原材料行业深入贯彻落实党中央、国务院决策部署，全面落实"疫情要防住、经济要稳住、发展要安全"的重要要求，积极应对超预期因素冲击，原材料工业发展总体呈现稳中有进的态势，进出口贸易保持高速增长，原材料产业转型升级深入推进。

第一节　国家宏观调控政策

一、以提高供给质量为主攻方向，推动原材料工业高质量发展

2022 年，为贯彻落实《"十四五"原材料工业发展规划》，工业和信息化部、国务院国有资产监督管理委员会、国家市场监督管理总局、国家知识产权局四部门联合发布《原材料工业"三品"实施方案》（以下简称《实施方案》），明确提出要以提高供给质量为主攻方向，着力增品种、提品质、创品牌，推动原材料工业高质量发展。习近平总书记强调，要"推动中国制造向中国创造转变、中国速度向中国质量转变、中国产品向中国品牌转变"。这"三个转变"，深刻阐明了质量品牌建设的极端重要性，为原材料工业"三品"工作提供了科学指引、指明了工作方向。因此，认真贯彻落实《实施方案》，"强化企业品牌和商标品牌战略""打造一流产业集群区域品牌""加强与国外知名高端制造企业的供应链协作，鼓励龙头企业积极参与国际重大交流活动，传递品牌理念，不断增强全球消费者对中国原材料企业、产品和商标品牌认同"，是实现行业高质量发展，提升国际市场影响力的重要途径。在今

后的发展中，行业企业要从注重生产向注重质量转变，从注重规模向注重品牌建设转变，全面提升行业发展的质量和效益，打造具有国际影响力的世界知名品牌。

二、加快推动原材料工业绿色低碳高质量发展

2022年，工信部先后发布了《建材行业碳达峰实施方案》和《有色金属行业碳达峰实施方案》，给我国原材料工业发展带来了机遇与挑战。工信部发布《"十四五"原材料工业发展规划》指出，面对资源能源和生态环境的强约束，碳达峰、碳中和的硬任务，人民群众对安全生产的新期盼，原材料工业绿色和安全发展的任务更加紧迫。加快产业发展绿色化。积极实施节能低碳行动，制定石油化工、钢铁、有色金属、建材等重点行业碳达峰实施方案，加快推进企业节能低碳改造升级，鼓励有条件的行业、企业率先达峰。推进超低排放和清洁生产，研究推动重点行业实施超低排放，创新重点行业清洁生产推行模式，强化产品全生命周期绿色发展观念。提升资源综合利用水平，持续提升关键工艺和过程管理水平，提高一次资源利用效率，从源头上减少资源能源消耗。建设一批工业资源综合利用基地，在有条件的地区建立原材料工业耦合发展园区，实现能源资源梯级利用和产业循环衔接。碳达峰、碳中和倒逼工业转型升级发展，为原材料工业发展带来新机遇。

第二节　尚需完善的配套政策

一、新材料配套政策尚需加强

"十三五"期间，我国高度重视新材料产业扶持政策体系的构建，已经通过制定规划、出台专项等方式，形成了一批政策措施，但政策内容相对零散，中小企业扶持、人才、金融支持、科技成果转化、卡脖子关键技术突破等政策有待加强。因此，要针对中小企业和民营企业，出台相关科技创新创业扶持政策和措施，使其在细分领域、小批量多品种领域发挥作用，促进产业主体多元化。通过平台建设，加强产业链上下游之间的信息沟通和合作互动，并积极开展信息发布和技术推广，促进技术与资金的有效结合，加快实现成果转化。创新人才激励政策和引进条件，加大人才培养力度，形成以项目为纽带，科技发展与人才发展相互促进、相互支撑的良好局面。加强金融政策向科技企业的有效传导，打通创新链、资金链、产业链，使三者真正联

动起来，有效衔接。

二、完善标准体系

健全的标准体系是原材料行业规范市场经济秩序、调整产业结构、转变发展方式、增强自主创新能力、实现高质量发展的重要保障。目前，我国原材料行业标准体系还不完善，存在技术指标宽泛，产品标准和应用标准之间脱节，国内标准在国际市场的认可度和影响力不高，标准对产品、技术、装备和服务"走出去"的促进作用不足等问题，难以满足原材料工业高质量发展的要求。因此，要加大力度制定实施标准化战略的纲领性文件，做好石化、化工、钢铁、有色、建材、稀土等主要行业的标准化体系研究和完善工作。推动制订质量分类分级规范，鼓励开展团体标准应用示范。明确具有技术先进性、经济合理性和应用广泛性的质量标准标杆，持续开展重点产品对标达标。充分发挥行业组织、科研机构和学术团体及相关标准化专业组织等主体在标准实施中的作用，推动、监督和评估标准的实施。加强标准外文版的翻译和出版，强化国际标准化合作。

三、碳达峰、碳中和政策体系和实施路径尚未确立

我国二氧化碳排放力争 2030 年前达到峰值，力争 2060 年前实现碳中和，是向全世界做出的庄严承诺。工业是我国碳排放的主要领域之一，原材料工业是我国工业中碳排放的重点，行业碳排放量占全社会碳排放较大比重。"十三五"期间原材料行业超前谋划，宝武钢铁、中石化等龙头企业快速响应，在促进行业低碳绿色发展方面探索出了一系列好的经验做法，研发储备了一批节能减排关键技术，取得了初步成效，为我国原材料行业碳达峰、碳中和的实施路径提供重要借鉴。

原材料工业需要进一步加强顶层设计，做好系统谋划，锚定"两个重大节点"，围绕钢铁、石油化工、有色金属、建材、稀土等重点行业，加强各方力量统筹，形成工作合力，与"十四五"规划做好衔接，科学制定碳达峰实施方案，明确措施、路径和时间节点要求，力争率先达峰、率先中和，为我国全面实现碳达峰、碳中和做出应有贡献。

第二十三章

2022 年中国原材料工业重点政策解析

2022 年，是实施"十四五"规划承上启下的关键一年，我国对原材料工业制定了一系列重点政策。在综合性政策方面，有《"十四五"原材料工业发展规划》《原材料工业"三品"实施方案》等。在行业政策方面，国家出台了一系列重要文件，一方面通过对钢铁、石化、稀土、建材、有色等传统产业进行优化升级，大力推进后疫情时期复工复产工作，提升发展质量和效益，印发了《关于产业用纺织品行业高质量发展的指导意见》《关于促进钢铁工业高质量发展的指导意见》等一系列相关文件。

第一节　综合性政策解析

一、《"十四五"原材料工业发展规划》

（一）政策出台背景

原材料工业包括石油化工、钢铁、有色金属、建材等行业，也包括新材料产业，是实体经济的根基，是支撑国民经济发展的基础性产业和赢得国际竞争优势的关键领域，是产业基础再造的主力军和工业绿色发展的主战场。"十三五"以来，在党中央、国务院的坚强领导下，在各方的共同努力下，原材料工业转型升级成效显著，综合实力稳步增长，国际竞争力持续增强。但当前短板和瓶颈依然突出，中低端产品严重过剩与高端产品供给不足并存，关键材料核心工艺技术与装备自主可控水平不高，绿色低碳发展任重道远，数字化水平难以有效支撑高质量发展，关键战略资源保障能力不强等问题亟待加快解决。

面对新形势、新要求，为贯彻落实《中华人民共和国国民经济和社会发展第十四个五年规划和 2035 年远景目标纲要》，加速推动原材料工业体系优化开放与高质量发展，工业和信息化部、科技部、自然资源部联合编制了《"十四五"原材料工业发展规划》（以下简称《规划》）。

（二）政策主要内容

《规划》坚持以习近平新时代中国特色社会主义思想为指导，全面贯彻党的十九大和十九届历次全会精神，立足新发展阶段，完整、准确、全面贯彻新发展理念，加快构建新发展格局，以推动高质量发展为主题，以深化供给侧结构性改革为主线，以改革创新为根本动力，以满足人民日益增长的美好生活需要为根本目的，统筹发展和安全，着眼提升产业基础高级化和产业链现代化水平，着力优化传统产业和产品结构，培育壮大新材料产业，加速信息技术赋能，补齐产业链短板，实现低碳可循环，促进产业供给高端化、结构合理化、发展绿色化、转型数字化、体系安全化，为推动制造强国建设再上新台阶，为全面建设社会主义现代化国家开好局、起好步提供有力支撑。

《规划》按照"创新引领、市场主导、供需协调、绿色安全"的基本原则，提出了未来 5 年的总体发展方向和 15 年远景目标。到 2025 年，原材料工业保障和引领制造业高质量发展的能力明显增强；增加值增速保持合理水平，在制造业中比重基本稳定；新材料产业规模持续提升，占原材料工业比重明显提高；初步形成更高质量、更好效益、更优布局、更加绿色、更为安全的产业发展格局。到 2035 年，成为世界重要原材料产品的研发、生产、应用高地，新材料产业竞争力全面提升，绿色低碳发展水平世界先进，产业体系安全自主可控。

（三）政策影响

《"十四五"原材料工业发展规划》是我国首次发布不分行业制订规划，将石油化工、钢铁、有色金属、建材、新材料产业等行业统一包含在《规划》内。"十四五"是原材料工业高质量发展的关键时期，机遇和挑战呈现许多新变化。从机遇看，新发展格局加快构建，国内超大规模市场优势进一步发挥，特别是新兴领域和消费升级对高端材料的需求，为原材料工业持续健康发展提供了广阔空间。《规划》的发布意味着我国公平竞争的市场体系日趋完善，特别是各种资源要素向优势领域、企业集聚，为原材料工业强化产业链韧性提供了基础支撑。新一轮科技革命和产业变革重塑全球经济结构，特别是新一代信息技术和制造业深度融合，为原材料工业转型升级锻造新优势提供了动力源泉。从挑战看，面对经济全球化逆流和新冠疫情广泛影响，产业链供应链安全风险凸显，拓展国际市场难度明显增加。面对高质量发展新阶段的新形势，钢铁、电解铝、水泥等主要大宗原材料产品需求将陆续达到或接近峰值平台期，规模数量型需求扩张动力趋于减弱。面对资源能源和生态环境的强约束，碳达峰碳中和的硬任务，人民群众对安全生产的新期盼，原材料工业绿色和安全发展的任务更加紧迫。

二、《原材料工业"三品"实施方案》

（一）政策出台背景

"十四五"乃至更长时期，推动高质量发展是我国经济发展的鲜明主题。党中央、国务院对推动制造业高质量发展做出一系列重要部署，要求把发展经济着力点放在实体经济上，加快推进制造强国、质量强国建设。对照制造强国、质量强国建设要求，原材料工业质量发展基础不够坚实，还存在"货架产品"供给不足、质量稳定性一致性不够、品牌竞争力不强等问题，急需尽早从政策层面加以统筹引导，加快促进质量变革、效率变革、动力变革，不断提高供给质量，推动原材料工业增品种、提品质、创品牌。

面对新形势、新使命，为贯彻落实《"十四五"原材料工业发展规划》，工业和信息化部、国资委、市场监管总局、知识产权局在深入调查研究、广泛听取意见的基础上，联合制定发布《原材料工业"三品"实施方案》（以下简称《实施方案》）。

（二）政策主要内容

《实施方案》按照"供给引领、市场主导、创新驱动、标杆示范"的基本原则，提出了2025年主要目标和2035年远景目标。到2025年，原材料品种更加丰富、品质更加稳定、品牌更具影响力。高温合金、高性能特种合金、半导体材料、高性能纤维及复合材料等产品和服务对重点领域支撑能力显著增强。标准、计量、认证认可、检验检测等实现更高水平协同发展，质量分级和追溯体系更加完善，制修订500个以上新产品和质量可靠性提升类标准，全面推动关键基础材料全生命周期标准体系建设。培育一批质量过硬、竞争优势明显的中国品牌产品进入全球中高端供应链，市场环境更加公平有序。到 2035 年，原材料品种供给能力和水平、服务质量大幅提升，达到世界先进国家水平，形成一批质量卓越、优势明显、拥有核心知识产权的企业和产品品牌。

（三）政策影响

《实施方案》坚持以习近平新时代中国特色社会主义思想为指导，全面贯彻落实党的十九大和十九届历次全会精神，立足新发展阶段，完整、准确、全面贯彻新发展理念，构建新发展格局，坚持以供给侧结构性改革为主线，以提高供给质量为主攻方向，持续优化发展环境，减少低端无效供给，打造科技含量高、质量满意度高、品牌认可度高的产品，推动原材料工业增品种、提品质、创品牌，促进质量变革、效率变革、动力变革，实现质量和效益同步提升。

第二节　行业政策解析

一、《关于产业用纺织品行业高质量发展的指导意见》

（一）政策出台背景

产业用纺织品用于工业、农业、基础设施、医疗卫生、环境保护等领域，是新材料产业重要组成部分，也是纺织工业高端化的重要方向。为贯彻落实《中华人民共和国国民经济和社会发展第十四个五年规划和 2035 年远景目标纲要》《"十四五"制造业高质量发展规划》有关要求，推动产业用纺织品行业高质量发展，更好服务国民经济发展和满足人民美好生活需要，工业和信息化部和国家发改委两部委于 2022 年 4 月 21 日正式发布《关于产业用纺织品行业高质量发展的指导意见》。

（二）政策主要内容

以习近平新时代中国特色社会主义思想为指导，全面贯彻党的十九大和十九届历次全会精神，以高质量发展为主题，供给侧结构性改革为主线，科技创新为动力，满足国民经济各领域需求为重点，统筹发展和安全，加快产业用纺织品高端化、数字化、绿色化、服务化转型升级。

坚持创新引领。强化科技创新对产业发展的引领作用，加强产业基础、共性技术、高端替代应用创新，加大新技术应用力度，推动业态变革、价值创造和结构升级。坚持需求导向。以适应医疗健康、安全防护、海洋经济、环境保护等领域需求为重点，加强产品开发设计，增强质量保障能力，提升工程化服务水平，拓展多元化市场。坚持结构优化。营造公平竞争发展环境，运用市场机制淘汰落后产能，加大行业高端化、数字化、绿色化转型力度，培育优质品牌和"专精特新"中小企业。坚持合作共赢。鼓励产业用纺织品企业与基础材料及终端应用企业加强产业链上下游衔接，完善覆盖生产与应用的标准检测评价体系，建立诚信共赢产业链供应链。

（三）政策影响

支持企业建设国家级重点实验室等创新平台，鼓励科研院所、高校、企业加强合作，推动技术研发和成果转化。鼓励行业组织、产业园区、科研院所、龙头企业等建设公共服务平台。支持各地结合区域特色，加大对产业用纺织品行业发展所需资源要素的支持力度，形成一批区域特色鲜明的示范基地。依托重大科研和产业化项目，培养学术、技术和经营管理领军人物。开展继续教育和职业培训认证，培养具有优秀专业背景和丰富实践经验的高素质技术人才队伍。深化校企合作、产教融合，鼓励骨干企业与高校联合开展企业家研修培训，培育现代化管理人才。推广土工、建筑和安全防护用纺织品在重点工程和特殊行业的应用。支持农业用、环保用绿色可降解产业用纺织品推广应用。鼓励行业协会服务技术创新、推动跨界合作、引导资金投向，加强行业自律。支持行业协会开展平台建设、品牌培育、技术交流、产需对接、信息发布、市场拓展、人才培训等方面工作，促进行业健康发展。

二、《关于促进钢铁工业高质量发展的指导意见》

（一）政策出台背景

钢铁工业是国民经济的重要基础产业，是建设现代化强国的重要支撑，是实现绿色低碳发展的重要领域。"十三五"时期，我国钢铁工业深入推进供给侧结构性改革，化解过剩产能取得显著成效，产业结构更加合理，绿色发展、智能制造、国际合作取得积极进展，有力支撑了经济社会健康发展。"十四五"时期，我国钢铁工业仍然存在产能过剩压力大、产业安全保障能力不足、绿色低碳发展水平有待提升、产业集中度偏低等问题。为贯彻落实

《中华人民共和国国民经济和社会发展第十四个五年规划和 2035 年远景目标纲要》《国务院关于钢铁行业化解过剩产能实现脱困发展的意见》《"十四五"原材料工业发展规划》等文件，更好地促进钢铁工业高质量发展，制定《关于促进钢铁工业高质量发展的指导意见》(以下简称《意见》)。

(二)政策主要内容

《意见》以坚持创新发展、坚持总量控制、坚持绿色低碳、坚持统筹协调为基本原则。力争到 2025 年，钢铁工业基本形成布局结构合理、资源供应稳定、技术装备先进、质量品牌突出、智能化水平高、全球竞争力强、绿色低碳可持续的高质量发展格局。其主要任务包括：

增强创新发展能力。强化企业创新主体地位。采取"揭榜挂帅"等方式，推动行业公共服务创新平台和创新中心建设。重点围绕低碳冶金、洁净钢冶炼、薄带铸轧、高效轧制、基于大数据的流程管控、节能环保等关键共性技术，以及先进电炉、特种冶炼、高端检测等通用专用装备和零部件，加大创新资源投入。

严禁新增钢铁产能。坚决遏制钢铁冶炼项目盲目建设，严格落实产能置换、项目备案、环评、排污许可、能评等法律法规、政策规定。研究落实以碳排放、污染物排放、能耗总量、产能利用率等为依据的差别化调控政策。健全防范产能过剩长效机制，加大违法违规行为查处力度。

优化产业布局结构。鼓励重点区域提高淘汰标准，淘汰步进式烧结机、球团竖炉等低效率、高能耗、高污染工艺和设备。鼓励有环境容量、能耗指标、市场需求、资源能源保障和钢铁产能相对不足的地区承接转移产能。鼓励钢铁冶炼项目依托现有生产基地集聚发展。统筹焦化行业与钢铁等行业发展，引导焦化行业加大绿色环保改造力度。

推进企业兼并重组。鼓励行业龙头企业实施兼并重组，打造若干世界一流超大型钢铁企业集团。鼓励钢铁企业跨区域、跨所有制兼并重组。有序引导京津冀及周边地区独立热轧和独立焦化企业参与钢铁企业兼并重组。鼓励金融机构向实施兼并重组、布局调整、转型升级的钢铁企业提供综合性金融服务。

有序发展电炉炼钢。推进废钢资源高质高效利用，有序引导电炉炼钢发展。对全废钢电炉炼钢项目执行差别化产能置换、环保管理等政策。鼓励有条件的高炉—转炉长流程企业就地改造转型发展电炉短流程炼钢。积极发展新型电炉装备，加快完善电炉炼钢相关标准体系。推进废钢回收、拆解、加工、分类、配送一体化发展，进一步完善废钢加工配送体系建设。鼓励有条件的地区开展电炉钢发展示范区建设，探索新技术新装备应用。分别遴选8家左右优势标杆电炉炼钢和废钢加工配送企业，形成可推广的产业模式。

深入推进绿色低碳。落实钢铁行业碳达峰实施方案，统筹推进减污降碳协同治理。支持建立低碳冶金创新联盟，制定氢冶金行动方案，加快推进低碳冶炼技术研发应用。支持构建钢铁生产全过程碳排放数据管理体系，参与全国碳排放权交易。优化钢结构建筑标准体系；建立健全钢铁绿色设计产品评价体系，引导下游产业用钢升级。

大力发展智能制造。开展钢铁行业智能制造行动计划，推进5G、工业互联网、人工智能、商用密码、数字孪生等技术在钢铁行业的应用，在铁矿开采、钢铁生产领域突破一批智能制造关键共性技术。开展智能制造示范推广，打造一批智能制造示范工厂。构建钢铁行业智能制造标准体系，积极开展基础共性、关键技术和行业应用标准研究。

大幅提升供给质量。建立健全产品质量评价体系，加快推动钢材产品提质升级，在航空航天、船舶与海洋工程装备、能源装备、先进轨道交通及汽车、高性能机械、建筑等领域推进质量分级分类评价，持续提高产品实物质量稳定性和一致性，促进钢材产品实物质量提升。支持钢铁企业瞄准下游产业升级与战略性新兴产业发展方向，重点发展高品质特殊钢、高端装备用特种合金钢、核心基础零部件用钢等小批量、多品种关键钢材。

提高资源保障能力。充分利用国内国际两个市场两种资源，建立稳定可靠的多元化原料供应体系。强化国内矿产资源的基础保障能力，推进国内重点矿山资源开发，支持智能矿山、绿色矿山建设，加强铁矿行业规范管理，建立铁矿产能储备和矿产地储备制度。

（三）政策影响

在《意见》部署和安排下，我国钢铁工业将乘全面建设社会主义现代化强国之大势，不断提升创新能力，持续优化产业结构，深入推进绿色低碳发展，大幅提高资源保障能力，显著提升供给质量，进一步巩固和提升全球竞争力和影响力，以更高质量的国际化，促进世界钢铁工业绿色低碳发展。

热　点　篇

工信部发布石化行业智能制造标准体系建设指南（2022版）

第一节　背景意义

石化行业是我国国民经济发展的重要产业，是支撑制造业高质量发展的关键领域。当前，我国石化行业发展取得重大进步，主要产品产量位居世界前列，生产技术、科技创新、节能减排等方面都取得积极成效，但仍面临着产能过剩、高端产品供给不足、生产安全等问题。随着新一代信息技术与制造业的不断融合，智能制造成为推动石化行业高效、绿色低碳和高质量发展的重要途径。

为深入落实国家智能制造标准化相关政策及要求，发挥好标准对石化行业智能制造发展的支撑和引领作用，规范引导石化行业智能化发展，工业和信息化部组织编制了《石化行业智能制造标准体系建设指南（2022版）》（以下简称《指南》）。

第二节　主要内容

《指南》包括总体要求、建设思路、建设内容以及组织实施四部分。首先明确了体系建设的主要指导思想：遵循"统筹规划、协调配套；稳步推进、急用先行；加强协同、注重实施"的基本原则。发展目标是到2025年，建立较为完善的石化行业智能制造标准体系；对于原油加工等石化细分行业，优先制定新一代信息技术在生产、管理、服务等特有场景应用的标准。

《指南》是依靠已有的智能制造标准《国家智能制造标准体系建设指南（2021 版）》，针对石化行业的特点与需求，从石化行业智能制造标准体系结构和石化行业智能制造标准体系框架两方面进行部署。给出石化行业智能制造标准体系结构"A 基础共性""B 石化关键数据及模型技术""C 石化关键应用技术""D 细分行业应用"等四个部分。并向下映射，形成石化行业智能制造标准体系框架。

《指南》根据四部分标准体系结构，增加建设内容：基础共性标准、石化关键数据及模型技术标准、石化关键应用技术标准、细分行业应用标准。

在建设思路方面，《指南》提出加强统筹协调、加快工作落实、推进宣贯实施、深化开放合作等四条实施措施。

第三节　事件影响

此次发布的《石化行业智能制造标准体系建设指南（2022 版）》，对石化行业智能制造具有重要意义，能够更加规范地引导石化行业数字化、网络化、智能化发展，加强石化行业上下游协作，充分发挥标准的引领与支撑作用，指导石化行业智能升级改造，提升石化行业智能发展水平。

第二十五章

钢铁行业低碳工作推进委员会发布《钢铁行业碳中和愿景和低碳技术路线图》

第一节　背景意义

我国是全球最大的钢铁生产国和消费国，钢铁行业是典型的高能耗、高排放行业。发展低碳、零碳乃至碳中和钢铁技术，推进钢铁行业能效提升，是促进钢铁产业降低碳排放、产业转型升级、实现高质量发展的重要途径，对我国实现"双碳"目标具有重要意义。

目前，我国钢铁行业坚持绿色低碳发展，为进一步推动我国钢铁行业实现碳中和愿景，构建低碳高效发展的新格局，2022 年 8 月 15 日，钢铁行业低碳工作推进委员会发布《钢铁行业碳中和愿景和低碳技术路线图》。

第二节　主要内容

《钢铁行业碳中和愿景和低碳技术路线图》（以下简称《路线图》）指出中国钢铁工业发展"双碳"技术的六大路径：系统提升生产能效、循环利用资源、创新优化生产流程、突破冶炼工艺、加强产品的升级迭代，以及对生产过程中排放的二氧化碳进行捕获提纯、封存或再利用。

《路线图》将实施"双碳"工程按照时间节点分为四个阶段，即在 2030年前，积极推进稳步实现碳达峰；2030—2040 年，创新驱动实现深度脱碳；2040—2050 年，实现重大突破冲刺极限降碳；2050—2060 年，融合发展助力碳中和。

　　《路线图》规划重点发展任务，分为五点：一是深化供给侧结构性改革，二是持续工艺流程结构优化，三是创新发展低碳技术，四是打造绿色低碳产业链，五是加强全球低碳产业创新合作。

第三节　事件影响

　　实现钢铁行业的碳中和，需要政府、企业和社会各界的共同努力，需要技术创新支持与相关政策引导，建立合理的市场机制。《钢铁行业碳中和愿景和低碳技术路线图》的发布，是推动钢铁行业可持续发展的重要举措，详细明确了钢铁行业未来发展趋势、发展需求、发展重点，为钢铁行业积极实现"碳中和"发展指明方向与道路，推动钢铁行业向着更加绿色、低碳、可持续的方向发展。

第二十六章

川渝联合打造全国最强高端铝材料制造基地

第一节　背景意义

　　铝材料具备质量轻、导电性能好、抗腐蚀性强等多种优点，广泛应用于新能源汽车、航空航天、建筑等领域。目前，我国工业铝型材料企业众多，大部分企业存在低端铝型材料产能较大，中高端深加工铝型材料产品不足，部分高端铝型材料依赖进口；国内大型企业市场占有率低，企业总体呈现出技术创新能力薄弱、行业高度分散等问题。为培育一批具有全球影响力的龙头企业和"专精特新"企业，建成具备国际竞争力的铝产业集群，川渝联合打造全国最强的高端铝材料制造基地。

第二节　主要内容

　　川渝地区的铝产业基础较好，结构互补性强，应用市场广阔，具备协同发展的基础条件。

　　为着力推进川渝地区铝行业高质量发展，在深入贯彻《成渝地区双城经济圈建设规划纲要》和《重庆四川两省市〈成渝地区双城经济圈建设规划纲要〉联合实施方案》，四川省经济和信息化厅会同重庆市经济和信息化委员会共同对川渝铝产业发展前景进行了深入研讨：川渝两地将围绕7个方面展开合作，包括共同开展科技创新、共同推动产业链配套、共同挖掘市场潜力、共同培育优质市场主体、共同深化智能化赋能、共同促进绿色低碳发展、共同打造产业服务体系。

第三节　事件影响

　　川渝联合打造全国最强的高端铝材料制造基地，建立川渝铝产业链协同发展机制，在技术创新、挖掘市场潜力、推进绿色低碳发展等方面开展深层次合作，将极大地促进两地铝产业高质量发展，有力地支撑川渝汽车、电子、装备等产业的发展以及国防军工的需要。

第二十七章

中关村材料试验技术联盟发布《建筑材料企业环境、社会及公司治理（ESG）报告指南》团标

第一节　背景意义

　　建筑材料行业是支撑国民经济发展、提升人居环境、促进生态文明建设的基础产业。建筑材料种类繁多、用途广泛、差异性大，目前我国建材企业约 22 万家，从业人员约达 860 万人，企业总产值约 7 万亿元。同时，建材行业也是高能耗、高排放行业，其碳排放总量占全国碳排量一半以上。

　　建材行业的健康发展与国家经济发展密切相关，为促进建材行业稳定、绿色发展，中关村材料试验技术联盟发布《建筑材料企业环境、社会及公司治理（ESG）报告指南》团标。

第二节　主要内容

　　在借鉴了 ISO 26000《社会责任指南》、GRI《可持续发展报告指南》等 ESG 相关国际指南的前提下，根据我国建材行业企业的自身特点、管理现状以及国家相关政策，由中国建材、中国三峡、中国建筑、中诚信绿金科技、华润水泥、海螺水泥、中国建材总院等 17 家企业、行业协会、科研院所等共同编制《建筑材料企业环境、社会及公司治理（ESG）报告指南》团标。

　　该团标全面编制了 ESG 报告的编制原则、流程、报告内容、管理体系和指标内容。针对建材企业的资源特征，在绿色建材、原燃料替代、能效提升等方面，均提出了相应指标。该团标是建筑材料行业的首个 ESG 标准，为建筑材料企业 ESG 管理的规范发展提供标准依据。

第三节　事件影响

　　团标的发布和实施，将有助于建材行业相关企业的治理、不断完善企业环境、社会和公司治理的体制机制，加强产业结构的调整，加快建材行业的绿色转型，引导建材行业朝着智能化、绿色化、高端化方向快速发展，赋予建材行业发展新动能，承担更多的社会责任。

第二十八章

工信部与自然资源部下达 2023 年第一批稀土开采、冶炼分离总量控制指标

第一节　背景意义

　　稀土是改造传统产业、发展新兴产业及国防科技工业的不可再生的稀缺性重要战略资源，我国稀土储备资源丰富，自中华人民共和国成立以来，稀土产业也呈现出高速发展的趋势，但也存在资源过度开发、生态环境严重破坏、产能长期过剩等各种问题。考虑到稀土产业的可持续性发展，我国开始加大统筹监管力度，不断出台监管调控政策。近年来，我国将稀土列为国家实行生产总量控制管理的产品，每年生产总量严格受控，任何单位和个人不得无指标和超指标生产，在遵循节能环保、可持续发展的基调下严格按照指标组织生产。

第二节　主要内容

　　2023 年首批稀土开采、冶炼分离总量控制指标的颁布，也是近年来国家宏观调控政策的延续。早在 2021 年，随着以中铝公司、五矿稀土、赣州稀土三大稀土公司为主体的中国稀土集团正式成立，我国逐步实现稀土资源优势互补和稀土产业发展协同。

　　2022 年，工信部与自然资源部下达的稀土开采、冶炼分离总量控制指标，就重点分配于北方稀土集团、中国稀土集团、厦门钨业、广东省稀土集团等四大集团。

2023 年 3 月 24 日，工业和信息化部、自然资源部印发通知，下达 2023 年第一批稀土开采、冶炼分离总量控制指标，明确 2023 年第一批稀土开采、冶炼分离总量控制指标分别为 120000 吨、115000 吨。相较于 2022 年同批分别增长 19.05%和 18.31%。重点分配给中国稀土集团有限公司、北方稀土集团（集团）高科技股份有限公司、厦门钨业、广东省稀土集团。

指标要求，各省（区）工信部、自然资源部的相关主管部门完成指标分解任务，各集团门户网站公示当年在产矿山和所有冶炼分离企业名单，制定指标配置标准并做好监管工作；强调了稀土的战略性，任何单位和个人不得无指标和超指标生产。

第三节　事件影响

年度稀土开采指标的制定，通过严格控制稀土开采总量，将稀土开采与稀土行业下游需求相匹配，避免稀土资源过度开采；同时在稀土大集团作为支撑引领的情况下，稀土供给端持续优化，进一步实现科学调控稀土资源开采规模，加速资源整合，稀土产业供应链安全稳定，全面促进稀土行业快速、稳定发展。

展望篇

第二十九章

主要研究机构预测性观点综述

第一节　石油化工行业

一、中国石油和化学工业联合会

根据宏观经济运行趋势、行业生产、价格走势、结构调整变化综合分析判断，2022年，全行业规模以上企业工业增加值同比增长1.2%，增速比2021年回落4.1个百分点。三大主要板块分化明显：油气开采业增加值同比增长5.4%，增速比上年加快3.2个百分点；炼油业增加值同比大幅下降8%，增速同比回落10个百分点；化工行业增加值同比增长5.7%，增速同比回落1.8个百分点。

2022年，我国能源产销呈现"两增两减"的情况，即原油产量增加、天然气产量增加，进口量减少、原油加工量和天然气消费量减少。2022年，我国原油产量2.05亿吨，同比增长2.9%；天然气产量2177.9亿立方米，同比增长6.4%。原油产量实现"四连增"，这是6年来重上2亿吨平台；天然气产量连续6年年增量超过100亿立方米（2022年增量达131亿立方米），为端稳能源的"饭碗"和保障国家能源安全、市场保供稳价都做出了重要贡献。

同时，我国原油和天然气进口出现新的变化，即原油进口量在上年度首次下降5.3%的基础上，再次下降1.0%，而天然气进口量首次出现下降10.4%。傅向升指出，这与21世纪以来我国石化产业的发展进入快速通道、原油和天然气进口量多年来一直逐年增加、对外依存度不断攀升的情况发生了变化相关。具体来看，2022年，我国原油进口5.08亿吨，同比下降1.0%，对外依存度降至71.2%；天然气进口量在多年连续大幅增长的情况下，2022年进口量 1520.7 亿立方米，首次同比下降 10.4%，对外依存度降为 40.2%。2022 年我国原油加工量 6.76 亿吨，首次同比下降 3.4%，天然气表观消费量首次同比下降 1.3%。石化联合会预测，2023 年宏观经济方面，总体将呈现"内升外降"态势。世界经济增速放缓，下行压力加大，欧美等发达经济体拖累全球经济修复，通胀高企、地缘政治动荡等仍是影响世界经济前景的不确定性因素。2023 年是我国全面贯彻落实党的二十大精神的开局之年，也是"十四五"规划实施的关键一年。面对充满不确定性的内外部环境，我国明确指出今年的经济工作"要坚持稳字当头、稳中求进"。当前，在疫情转向、促经济运行全面好转的政策背景下，我国经济总体呈现较为明显的复苏态势。

石化联合会分析，全球经济疲软影响石油需求增速放缓，但在化石能源投资长期不足、美西方国家对俄罗斯实施制裁等因素推动下，石油供应增长有限，2023 年，布伦特均价预计为 80～90 美元/桶，低于 2022 年水平，但仍处于高位。2023 年，成本端对化工品价格的影响将减弱，需求有望回暖，但供需矛盾压力仍较大，预计需求复苏不足以支撑价格持续上涨，但成本压力缓解，化工开工率和效益有望边际改善。

相对来看，内需市场化工原料及制品表现会更好，一体化优势企业业绩回升弹性会更强。在全球种植面积继续扩大背景下，农药化肥需求有望保持高景气度。EVA、POE 等与新能源相关的化工原料需求仍有望保持较快增长。经过对中国石化行业景气指数的分析来看，石化联合会预计，2023 年石化行业景气度将总体回升走稳。

二、海通证券

海通证券研究所副所长、石油化工行业首席分析师邓勇表示，2023 年石油化工行业的增长主线主要是三条：第一条是天然气产业链，可能会保持接近两位数的需求增长；第二条是化纤产业链，下游资金、开工率的提升能够带动聚酯化纤产业链的盈利提升；第三条是成品油产业链，居民出行的增加会带动航空煤油、汽油，包括柴油的需求提升，也会带动炼油产业的盈利增加。

（一）2023 年的原油价格展望

2023 年石油化工行业的油价，原油均价水平预计在 80～90 美元/桶区间。最主要的是从供给和需求这两端来看，从供给端来看，欧佩克继续维持比较好的减产政策，从需求端来看，中国因素能够带动全球原油需求保持稳定，甚至有小幅的增长。这两个因素能够推动油价稳定在相对较高的位置。

供给端主要受欧佩克的原油产量和美国的页岩油产量波动的影响。从目前这些产油大国之间的博弈来看，"欧佩克+"包括欧佩克国家以及俄罗斯等一些采油国家，还是希望能够通过产量的政策，也就是协议减产的一些政策来稳定油价。我们认为，在全球碳中和碳达峰的大政策下，页岩油产量政策应该保持相对谨慎，在 2023 年增长还是相对受限的。2023 年美国的页岩油产量会保持相对稳定，继续增长的概率相对较小。从需求端来看，2023 年中国经济的有序恢复，能够带动全球原油需求，实现需求恢复。

（二）2023 年石化行业景气度将有序恢复

当前整个石油化工行业仍然处于景气底部的阶段，接下来随着下游需求的有序复苏，以及油价的相对稳定，可以期待整个石油化工行业的景气度在 2023 年有序恢复。

（三）2023 年石化行业三条增长主线

基于对油价的分析，对整个行业景气度的分析，2023 年石油化工行业的增长主线主要是三条：第一条是天然气产业链，第二条是化纤产业链，第三条是成品油产业链。

天然气产业链。天然气在国家碳达峰、碳中和的总体部署下，是很重要的过渡能源，属于重要的清洁能源。在未来十年的过渡阶段，国内的天然气消费量还会保持持续增长。2022 年由于国际天然气的价格大幅上涨，以及其他一些因素，国内的天然气总体消费量比 2021 年略有回落。从 2000 年以来，我国的天然气消费量每年都在两位数以上增长，13% 左右的年均增速。但是到了 2022 年，由于高气价和其他一些扰动因素，天然气消费量出现了一定回落。在一切回归正常之后，2023 年国内的天然气消费量增速仍会回到正轨，可能继续维持两位数的增幅。

化纤产业链。化纤产业链过去两年由于新增产能和高油价，整个化纤产业链的盈利能力相对偏弱。随着各行业的复工复产，下游的开工率得到有效提升，化纤产业链的需求也将得到有效释放。

成品油产业链。随着疫情后出行恢复正常，对成品油的需求也会有明显提升，特别是航空煤油，虽然总量不大，但是航空煤油的需求在 2023 年会有大幅增长。

（四）多种因素支撑 2023 年油价

俄罗斯作为全球重要的油气生产大国，确实在全球油气领域起到很重要的作用。每年全球的原油产量在 42 亿吨左右，其中俄罗斯的原油产量在 5 亿吨以上，占全球产量的 12% 以上。如果俄罗斯的原油产量受到影响，确实会对全球原油的短期供应产生一定冲击，但会不会造成持续性的供给偏紧，各有各的看法。

俄乌冲突爆发以来，全球原油或者能源的供应格局处在重构的过程中，以前欧洲主要是以俄罗斯的油气为主，现在可能逐步要取自中东、美国或者非洲。这样就会造成运距和运费增加，整体抬升了下游油气使用企业的成本，导致整体的油气能源成本提升。第一，在这种情况下，这几年油气的使用成本、油气的价格，应该还会维持在比较高的位置。第二，整个"欧佩克+"在油气产量，特别是原油产量政策方面，具有比较好的协同性，从 2016 年以来，整个"欧佩克+"一直执行比较好的产量政策，减产协议对油价的稳定起到了很重要的作用。"欧佩克+"希望能够通过减产协议，把油价稳定在相对较好的位置，这对于产油国而言是有利的。在 2023 年，无论是地缘政治因素，还是整个"欧佩克+"的减产协议，对油价能够起到一定的支撑作用。

第二节　钢铁行业

一、冶金工业规划研究院

2022 年我国钢材消费量为 9.2 亿吨，同比下降 3.1%；预测 2023 年我国钢材需求量为 9.1 亿吨，同比下降 1.1%。根据钢材消费量和钢材、钢坯进出口分析，预测 2023 年我国粗钢产量为 10.0 亿吨。2023 年我国机械、汽车、能源、造船、家电、铁道、钢木家具、自行车和摩托车等行业钢材需求呈增长态势，但建筑、集装箱、五金制品等行业钢材需求下降。预计 2023 年房地产将平稳健康发展，推进因城施策、差别化精准调控，存量项目将企稳并有序推进，行业结构不断优化，但房地产投资很难再度出现大幅度的反弹性增长，对钢材需求的拉动有限。适度超前推进基础设施建设，对钢材消费形成一定支撑，便民市场、充电桩、地下综合管廊等新型城镇化建设也将继续成为发展重点，预测 2023 年全国建筑行业钢材消费需求量约为 5.20 亿吨，同比下降 2.3%。

二、世界钢铁协会

世界钢铁协会最新版短期（2023—2024 年）钢铁需求预测报告显示，2023 年全球钢铁需求量将反弹 2.3%，达到 18.223 亿吨。2024 年，全球钢铁需求量将增长 1.7%，达到 18.540 亿吨。预计制造业将引领钢铁需求的复苏，但高利率仍将导致钢铁需求承压。2023 年，大多数地区的增长预计将加速，但中国的增长预计将减速。

分地区来看，报告指出，美国随着美联储为解决通胀问题而急剧调高利率，美国经济在疫情之后呈现强势反弹。预计 2023—2024 年，经济增长将受到衰退压力的限制。另外，还需警惕近期硅谷银行破产带来的外溢效应。钢铁需求量继 2022 年下跌 2.6% 之后，预计将在 2023 年增长 1.3%，2024 年增长 2.5%。

欧盟（27 国）和英国方面，报告认为，虽然 2022 年欧盟经济增长 3.5%，避免了衰退，但工业活动受到能源成本高企的影响，这导致 2022 年钢铁需求出现相当程度的萎缩。2023 年，欧盟钢铁行业将继续受到供应链等问题带来的影响。钢铁需求量继 2022 年下跌 7.9% 之后，2023 年还将继续下跌 0.4%，预计 2024 年将反弹，将增长 5.6%。

中国钢铁需求量在 2021 年和 2022 年双双萎缩，原因是全国范围内的意外防控导致中国经济大幅减速。建筑业在 2021 年出现的负面势头在 2022 年有所加剧，所有关键的房地产指标都处于严重的负值区域。2022 年，全国新开工项目面积下降 39.4%，房地产投资下降 10.0%，25 年来首次出现同比下降。这些急剧下降将给 2023—2024 年的建筑活动带来压力，但由于政府的支持措施，2023 年下半年房地产行业可能会略有回升。房地产的复苏预计将在 2024 年会继续，但只是温和复苏。在政府的支持下，基础设施投资强劲增长 9.4%，主要集中在供水系统、电信和物流等钢铁密集度较低的领域。2023 年，基础设施行业可能会继续受益于 2022 年底启动的项目，但如果 2023 年没有大型项目启动，2024 年的增长可能会减弱。中国制造业在 2022 年表现较弱，出口相对表现较好。预计制造业在 2023—2024 年会出现温和复苏，出口将放缓。2022 年汽车产量增长 3.4%，主要受乘用车增长 11.2% 的推动，商用车产量下降 31.9%。2022 年，新能源汽车产量再次出现飞跃，产量增长

96.9%，达到 706 万辆，占汽车总产量的 25.7%。由于预计不会出台新的刺激措施，2023—2024 年汽车行业的表现将略会疲软。

在 2022 年下降 3.5%之后，中国的钢铁总需求预计将在 2023 年增长 2.0%，2024 年将持平。

第三节　有色金属行业

一、安泰科

世界主要经济体经济复苏放缓，对有色金属价格影响偏负面；由于中国经济增长 5%的目标驱动，将提振有色金属市场消费。2023 年中国有色金属产业发展将依然保持平稳，主要有色金属价格总体将呈现宽幅振荡稳中有降的格局。

（一）铜：海外衰退仍未被交易，年内铜价或前高后低

国内经济复苏和国外经济压力并存，基本面矛盾受限，多因素交织，削弱了铜价单边趋势性机会。预计 2023 年铜价前高后低，下半年随着欧美数据可能进一步趋于弱化，或引发对其经济衰退的交易，压制价格重心逐步回落，但对美联储降息的预期和美元相对偏弱的走势，对铜价能起到一定支撑作用。如果不发生系统性经济危机和金融危机，铜价有望在 2023 下半年至 2024 上半年筑底。

（二）铝：高溢价时点已过，市场回归基本面主导

国内需求有望保持增长，但是主要经济体经济衰退风险加大，铝材出口形势不容乐观。内需修复带来的消费增量将弥补出口导致的减量，预计电解铝消费量将增至 4200 万吨，增速 2.2%，较上年增加 0.4 个百分点。

从供应来看，由于电力供应问题，西南地区的复产进程面临较大不确定性，如果 5 月底开始复产，在上年年末运行产能的基础上，预计 2023 年中国电解铝产量继续增加至 4120 万吨，增速 2.2%，较上年下滑 1.5 个百分点。预计 2023 年电解铝进口量将增至 80 万吨以上。综合产量和进口，预计 2023 年电解铝供应增加 2.9%，供应增速超过消费增速，供给缺口将逐步收窄。从近期情况来看，复产的不确定性在增加。

从成本来看，电力、阳极等能源和原辅料价格趋于下降，电解铝成本重

心下移，预计未来几个月的成本将主要在 16000～17000 元/吨区间波动。铝价很难突破前高，在市场极度高涨的投资情绪减弱后，基本面对价格的影响将逐渐起到主导作用。

（三）铅：供需平静，铅价维持区间波动

国内原料供应仍将成为限制精铅增长的主要因素，新增产能未必能悉数释放，冶炼行业将持续维持低利润水平，高成本产能将通过逐步淘汰或者改造置换的方式完成升级，全年产量保持低速增长趋势。

国内需求侧增长动力由铅蓄电池出口转为内循环需求增长，磷酸铁锂价格中枢下移，对铅酸蓄电池替代边际增强，但电动自行车电池需求将继续受益于新旧国标过渡期，且电动自行车和汽车保有量逐年增加，将继续贡献不错的置换需求，预计国内需求仍将保持增长。

国内精铅供应过剩压力仍在，沪铅价格维持区间波动；然而，海外市场在极低库存水平之下围绕结构的博弈延续，伦铅价格波动频繁，内弱外强局面延续。

（四）锌：供需增长存异，锌价高位区间振荡

综合来看，宏观面仍存不确定性，市场情绪的波动将继续影响未来锌价走势；基本面上，供应端增加相对确定，需重点关注后续需求端的复苏程度，预计锌价呈现高位区间振荡。

（五）锡：供应持续收紧，需求静待花开

供应方面，一季度原料端紧俏程度持续加强，锡精矿加工费也随之一再走低。拟投产项目产能无法弥补在产锡矿下降量；市场需求方面，消费形势明显分化。传统消费电子用锡并不活跃，持续在周期底部徘徊，锡化工在房地产业形势下仍有承压，蓄电池行业尚且趋稳；目前消费增速最高的领域仍然是光伏、汽车电子等新能源产业以及新兴消费电子和电子焊料高端应用领域，这些终端市场仍呈现供不应求之势。整体看，新兴消费市场用量也不能冲抵传统消费端下滑量。

（六）镍：镍产品价差收敛，助力能源转型镍消费前景可期

一二级原生镍、中间品产量继续增长，原生镍过剩加剧。2023 年印尼

NPI 投产速度减缓，湿法项目产量稳步提升，加工产能提升，有望进一步打通价格下行通道。下半年，随着电镍项目逐步投产，镍产品过剩或进一步扩张至一级镍领域，产品结构调整更加顺畅，价格区间或将下移。能源转型背景下镍消费仍有韧性，产销还将继续增长。上半年，交易所低库存为镍价带来底部支撑，下半年价格震荡运行，2023 年 LME 镍均价预计 19000 美元/吨，沪镍价格预计 170000 元/吨。

（七）白银：光伏用银增速扩大，提振白银工业需求

预计 2023 年，全球白银供应量在矿产银新增及扩产项目投产情况下，保持温和增长。需求在 5G、新能源汽车、光伏发电等新兴领域的支撑下，工业用银量将再创新高。全球白银供应短缺将持续，但短缺量减小。国内方面，白银产量在铅锌铜冶炼带动下将保持平稳增速；需求端，光伏新增装机量以及电池片技术更新迭代，带动相关头部企业积极布局，若新增产能完全释放，将带动白银工业需求再刷新高。

2023 年第一季度，白银价格基本呈现 V 型走势，在 1 月份的振荡整理后进入长达一个半月的下跌，于 3 月中下旬重拾涨势。后市随着未来加息的不确定性，银价或将呈现高位震荡，年均价将高于 2022 年同期。

（八）黄金：配置价值凸显，上行有望持续

2023 年经济数据决定金价趋势，美国经济下行压力增大，通胀数据有所回落，美联储激进货币政策或有望放缓；美元全球储备下降，黄金消费需求恢复，全球央行持续购入黄金；金价上行压力有所缓解。东欧局势、美欧银行系统风险、"欧佩克+"减产石油、美债务已达上限等事件，或影响金价短期走势。

（九）硅：短周期加速启动，长周期潜力无限

目前世界能源格局正在经历一场深刻革命,大力发展绿色能源，实现"双碳"目标已成为国际社会的普遍共识，也是我国新能源发展的方向。中国晶硅光伏产业是为数不多的可以参与国际竞争的产业。多晶硅是光伏产业发展的重要基础原料，短期内呈现阶段性扩能扩产，集中度可能持续扩散，产业链纵向延伸的特点十分明显。"十四五"期间，硅产业会向可再生能源丰富的地区转移。

二、中国有色金属工业协会

据中国有色金属工业协会数据显示，2022 年中国有色金属工业运行呈现出平稳向好的态势，有色金属工业生产稳中有升；固定资产投资实现两位数增长，铜铝矿山原料进口及铝材出口创历史新高，国内现货市场铜铝铅锌等主要有色金属价格基本运行在合理区间，规上有色金属企业实现利润 3315 亿元。预计 2023 年有色金属价格走势各金属品种间将会有所分化，部分金属品种受能源成本支撑价格将以宽幅震荡为主基调，部分金属价格或将出现高位回调。总体来看，2023 年有色金属价格或呈稳中有降的趋势。

在不出现"黑天鹅"事件的前提下，2023 年有色金属工业生产总体仍会保持平稳运行，十种常用有色金属产量增幅在 3.5%左右，工业增加值增速在 4.5%左右；2023 年有色金属行业固定资产投资有望保持较快增长，增幅保持在 5%～10%之间；2023 年有色金属产品进出口保持增长，铜铝等矿山原料进口有望保持稳定或略有增加，但 2023 年铝材出口增幅减缓是大概率事件；2023 年主要有色金属品种价格回调、能源等原材料成本上升，单位产品营利能力收窄。预计 2023 年规上有色金属工业企业全年实现利润在 3000 亿元左右。

从全球经济环境来看，2023 年美联储加息幅度放缓，但加息周期尚未结束，受世界流动性紧缩、需求放缓、地缘冲突、产业链重构等多重因素影响，全球经济下行压力加大，外需对中国经济的支撑进一步减弱，尤其是对具有金融属性较强，并且产业链、供应链与国际市场密切相关的有色金属的影响不可低估。

国家出台的扩大内需、稳定房地产等一系列稳增长政策在 2023 年将会逐步显效，支撑有色金属工业平稳运行，一是光伏、风电等可再生能源的发展进一步拉动铝、工业硅、稀土等有色金属需求；二是电动汽车、新能源电池及储能设备等产业的快速发展，也在不断扩大铜、铝、镍、钴、锂等金属的应用；三是铝材消费有望回稳，2023 年，房地产业下行的趋势有望缓解，建筑、家电等行业对铝材的需求，尤其是对建筑铝型材需求的收缩将有所改观，加上以新能源汽车、光伏为代表的新兴领域对铝材需求的增长，2023 年中国铝材需求规模有望回稳。

第四节 建材行业

一、中国建筑材料联合会

中国建筑材料联合会认为，2023 年，在稳增长预期下，建材行业也将实现恢复性增长。2023 年建材行业将主要呈现两个方面的特点。

首先，建材行业市场将在结构调整中实现规模稳中有增。其次，建材产业结构调整将继续为行业发展增添动力。从市场情况来看，当前建材行业仍主要以投资市场为主。预期 2023 年投资规模仍有望保持在 50 万亿元以上，继续发挥对宏观经济的基础支撑作用，为建材行业稳定运行提供基础动力。

同时，我国供给侧结构性改革持续推进，将推动建材产业链延伸和下游电子信息、家用电器、新材料、新能源等产业升级发展，建材产品服务领域将进一步扩大，服务质量、产品附加值和产业价值将进一步提升，这部分产业的比重将持续增长，并支撑建材行业稳定运行和发展转型。在产业结构方面，2018 年建材加工制品业产值超过基础材料产业，2019 年加工制品业在建材工业的比重超过 50%，2022 年加工制品业在建材工业的比重已超过 60%，产业链持续优化，产品质量、价值量不断提高，产业结构调整持续稳定。建材行业发展的内生动力依然稳健。

从当前形势来看，2023 年建材行业的发展仍然面临着来自行业内外的压力和挑战。从外部发展环境来看，投资市场尤其是房地产领域市场需求不足是影响建材行业运行的突出问题，而这仍将是短中期内影响建材行业运行的关键因素。同时，受全球疫情、地缘政治等不确定性因素影响，2023 年全球通货膨胀率仍将保持较高预期，输入性通胀将使建材行业继续面临高成本压力，并对全球建材产业链的稳定性造成一定影响，对我国建材行业发展形成挑战。

二、中国建材报

中国建材报刊登的《2022 年建材市场分析和 2023 年展望》显示，2022 年，我国经济面临需求收缩、供给冲击、预期减弱“三重压力”，叠加部分房企资金爆雷、新冠疫情反复等多重不利因素，经济增速明显放缓。尽管在适度超前投资政策促进下，基建发挥强有力的托底作用，但资金短缺、消费信心低迷导致建材全行业利润大幅下降，总体表现可以概括为“供需下降、成本高位、利润收缩、均价下移"。2023 年消费短期或难有反弹，房地产行业仍在下行通道，基建仍是承担稳增长的主力军，预计 2023 年建材行业"供需持续收缩、成本居高难下、均价波幅收窄、利润有底无高"。在此背景下，建材各品种产业链或将加快整合，优化产业结构，积极应对市场供需变化带来的机遇与挑战。

整体来看，2022 年国内主要建筑材料价格呈现下行趋势。据"百年建筑"数据，截至 2022 年 12 月 28 日，全国水泥、混凝土、砂石、盘扣式脚手架、玻璃价格同比分别下跌 17%、13%、9%、17%和 25%，但建筑木方在国外供给收缩、原材成本提高的驱动下，价格同比上涨 2%。水泥方面，2022 年价格呈现出高开低走趋势。其中东北地区跌幅最大，达 22%，主要是因为当地水泥产能严重过剩。华北跌幅最小，全年均价跌幅为 5%，一方面，华北地区环保管控严格，水泥企业错峰生产执行较好，库存压力不大；另一方面，当地煤炭价格较高，基建项目多，成本和需求双向托底。混凝土方面，2022年价格降至近三年新低，其中华中、华南、东北和华东跌幅较大。受房企新开工数据持续疲软、疫情反复、行业竞争加剧的影响，混凝土整体需求仍呈低迷态势。据"百年建筑"数据，截至 2022 年 12 月 7 日，全国 506 家混凝土产能利用率为 13.87%，同比下降 7 个百分点。砂石方面，一季度在疫情抑制需求的影响下，砂石价格下滑显著；二三季度天气回暖，防控形势好转，叠加下游需求回升，砂石价格有所回升；三四季度，部分工程项目进度放缓，砂石价格稳中偏弱运行。但值得一提的是，由于基建需求支撑，主要用于重点工程项目的碎石在"百年建筑"调研样本中，出货量占比在 5 成以上。玻璃方面，2022 年国内浮法玻璃价格在一季度达到近五年高位后，持续下行，二三季度现货价格跌至近五年中低位，全年整体呈现先涨后降趋势，年内最大振幅 36.85%，主要原因有：二季度后，需求端尤其是房地产表现偏弱；销货不畅，生产企业库存持续累积，供需失衡矛盾更加突出；企业亏损经营压力大，悲观情绪加重。

展望 2023 年建筑材料市场，总体可以概括为三个方面：一是宏观背景和消费层面总体会好于 2022 年，其中基建主要扮演"托底"的角色，房建下行速度放缓但很难带来增量；二是供给端压力较大，大部分品种无法摆脱产能过剩，区域竞争将进一步加剧；三是预计建材价格整体水平很难同比上涨，利润将继续收缩，但行业回款情况好转，行业将更重视高质量发展。

水泥方面，据"百年建筑"统计，全国水泥熟料生产线共计 1545 条，同比下降 3.4%，熟料年产能达 17.18 亿万吨，同比下降 8.5%。其中，2022 年全国拟建 26 条水泥窑线，实际投产水泥熟料生产线 9 条，投产时间主要集中在上半年，合计熟料年产能 1524 万吨，较同期减少 52%。目前国内大部分地区 2500t/d 及以下的落后生产线仍然占有较大份额，主要集中在西南、华东、西北、华北地区。其中头部企业带头淘汰落后产能，但能否化解产能过剩矛盾仍需观察。2023 年水泥熟料产能利用率或将持续走低，水泥熟料产量进一步缩减，且受动力煤等原材成本高位、终端需求疲软等因素影响，预计全年水泥均价下移，水泥行业利润或将持续收缩。

混凝土方面，2023 年混凝土行业竞争加剧成为必然。在此背景下，国内混凝土企业加速收购、租赁商混站点。此外，资金需求双弱，民营混凝土企业生存空间或被进一步压缩，行业集中度会愈发提升。未来，混凝土企业由市场拉动型转向资源推动型，企业单一混凝土业务生存空间将越来越小，混凝土企业更需要以资源占有为依托，发展产业链，打造价值链。价格方面，2022 年混凝土价格多次上涨后回落，持续弱势运行。房建新开工持续疲软，多数混凝土企业在手订单同比大幅下降，预计 2023 年混凝土价格或现弱势持稳，二季度前难有起色。

砂石方面，2023 年基建项目政策发力，高标河砂得到广泛应用，天然砂价格或将呈现稳中有升的态势。此外，随着大力推行绿色矿山等理念，机制砂替代天然砂的呼声越来越高，同时环保管控更加严格，造成机制砂成本上涨，国资央企加大拿矿力度，下游竞争较为激烈，预计后期机制砂价格偏弱运行。

碎石方面，2023 年基建依然是稳定经济增长的基石，碎石消费主要依靠道路、铁路、水路建设，考虑到政策落地尚需时间，预计后期碎石价格呈现先抑后扬的趋势。

第五节　稀土行业

一、中商产业研究院

中国是全球稀土市场最重要的卖家，也是世界上唯一能够提供全部 17 种稀土金属的国家，特别是军用重稀土。稀土作为重要的战略资源，受到国家部门的管控，国内严格控制稀土的生产和冶炼分离。工信部、自然资源部分两批下达的 2022 年稀土开采、冶炼分离总产量指标合计为 21 万吨和 20.2

万吨，分别在 2021 年的指标基础上增加了 4.2 万吨和 4 万吨，同期增幅平均为 25%。2022 年增加的产品指标分别配给了北方稀土集团和中国稀土集团，其中，北方稀土占矿产品指标和冶炼分离产品指标增幅的 98.3%，厦门钢铁和广东稀土集团的矿产指标和冶炼分离产品指标维持 2021 年水平。

作为全球最大的稀土开发国，2022 年中国稀土产量达 21 万吨，同比增长 25%，预计 2023 年产量将达 24 万吨。

二、东莞证券

2022 年稀土配额指标分配给中国稀土集团、北方稀土集团、厦门钨业和广东稀土集团，其中，岩矿型稀土（轻）指标为 190850 吨，离子型稀土（中重）指标为 19150 吨，合计达到 21 万吨，同比增加 25%；冶炼分离指标合计达到 20.2 万吨，同比增加 24.69%。具体来看，轻稀土方面，北方稀土占据大部分份额，分配份额达到 14.165 万吨，占比 74.22%；中国稀土配额指标来自原中国稀有稀土公司、五矿集团和南方稀土集团三家合计的配额，总计达到 4.92 万吨，占比 25.78%。中重稀土方面，分配份额呈现以中国稀土为主，厦门钨业及广东稀土为辅的分配格局，其中中国稀土离子型稀土配额达到 1.3 万吨，占全部离子型稀土指标近 70%。出口方面，2022 年中国累计出口稀土数量为 48728 吨，较 2021 年减少 189.9 吨，2022 年 12 月出口数量为 4307.18 吨，较 11 月环比增加 1357.57 吨。2022 年 12 月钕铁硼磁粉出口 389.508 吨，其他钕铁硼合金出口 28.496 吨，均呈现逐步下降态势。

海外稀土短期难以形成有效供给。2022 年 12 月 30 日，商务部和科技部发布了《关于<中国禁止出口限制出口技术目录>修订公开征求意见的通知》，通知明确提出禁止出口稀土的提炼、加工、利用技术，限制出口稀土采矿工程技术。此举将进一步保障我国稀土行业技术的领先水平，维护中国稀土产业链的全球主导地位，预计未来我国稀土及钕铁硼磁材的出口将逐步下降。此外，虽然美国及澳大利亚等国相继开始打造本国稀土产业链，但短期难以形成较大供应，同时缅甸稀土由于多年开采，储量和品位均有所下降，中国稀土产业仍将占据全球主导地位。

2023 年中国原材料工业发展形势展望

第一节 原材料工业总体形势展望

预计 2023 年，全球经济仍面临较大下行压力，国内经济延续恢复态势，我国原材料工业生产、投资增速趋缓，进出口贸易出现分化，主要原材料产品价格震荡调整，行业经济效益有望改善。

一、生产增速趋缓，主要产品产量增减不一

预计 2023 年，我国原材料工业增加值会呈现增长态势，但增幅有限，主要产品产量出现分化，钢铁、建材产量会继续减少，有色金属产量保持增长，化工产品产量有增有减。

一是全球经济下行压力依然存在，复苏动力不足，原材料外需市场将持续疲软。主要经济机构纷纷下调 2023 年的全球经济增长预测，欧美等发达经济体和大部分新兴经济体陷入衰退的可能性增加，将直接减少对我国原材料工业产品的需求。

二是我国经济延续恢复态势，原材料国内需求市场有所改善。2023 年国际环境更趋复杂严峻，国内经济将面临更多的挑战和不稳定因素。IMF 预计，2023 年我国经济增速为 4.4%，高于预测的 2022 年 3.2%的增长水平，保持恢复态势，我国原材料工业将保持相对稳定的发展态势。

三是主要下游行业对原材料产品需求有望逐步释放。2022 年我国房地产开发投资同比下降 10%，2023 年预计在多部门利好房地产政策陆续见效和稳楼市的市场预期下，我国房地产行业有望触底回升，但下行压力依然较大，原材料产品需求增长空间有限。2022 年，我国汽车产销量分别同比增长 3.4%

和 2.1%。2023 年预计受传统燃油车购置税优惠政策是否延续尚不明确和新能源汽车补贴即将退出等影响，汽车产销量会保持小幅增长，对原材料产品需求有所增长，但空间有限。

二、投资规模继续扩大，投资增速逐步放缓

预计 2023 年，我国原材料工业投资规模有所扩大，增速稳中趋缓。

一是国家发改委、工信部、各地方政府为稳定经济增长，从扩大有效投资入手，加快实施一批"十四五"规划重大工程和项目，如加快 5G、数据中心、工业互联网等新型基础设施建设，促进传统基础设施数字化改造，加强保障性安居工程及配套基础设施建设，加快推进城市燃气管道等老化更新改造和排水设施建设等，这些实物工作量的形成都会引导钢铁、有色金属、建材等原材料企业增加投资。

二是在双碳目标的要求下，化工、钢铁、有色、建材等行业加快节能降碳技术改造项目实施，节能环保投资将增加。例如钢铁行业正在推进"超低排放""极致能效"等改造工程，节能减排、智能制造及工艺改进、新产品开发及品质提升等投资将有所增加。

三是钢铁、有色、建材等行业继续巩固"去产能"成果，推动产业高质量发展，原材料企业投资意愿受到抑制。例如，在粗钢产量压减的大原则下，钢铁冶炼企业增加投资的意愿不强，钢铁冶炼行业投资规模会进一步缩小。

三、出口贸易继续增长，进口贸易出现分化

预计 2023 年，我国原材料产品进出口贸易表现不一。出口方面，全球经济复苏乏力，增长动能不足，钢铁等传统原材料产品国际需求增幅不大，相对稳定；铜、铝等新能源用原材料产品国际需求有望继续增加。在"一带一路"、RCEP 等带动下，我国与沿线国家、成员国之间的贸易往来将增加，有利于促进原材料产品出口。进口方面，我国经济持续性恢复，工业生产保持增长，新能源汽车、太阳能电池、移动通信基站设备等产品产量增速较快，对铜、铝等产品进口需求有望增加；钢铁等原材料产品需求逐步接近峰值，进口规模会进一步缩小。

四、化工、钢铁、建材产品价格震荡调整，有色金属产品价格涨跌互现

预计 2023 年，我国原材料产品价格总体呈现小幅波动、相对平稳的发展态势，不同品种表现不同。化工产品价格在俄乌冲突导致全球部分化工原材料及化工产品供给受限、主要下游需求趋弱的影响下，将呈现震荡调整态势。钢材价格在粗钢产量持续压减、下游房地产行业需求恢复有限的双重影响下，有望止跌回升，但上行动力不足，总体保持相对平稳的走势。建材产品价格在房地产需求恢复缓慢、基础设施建设加快、煤炭价格高位等多因素影响下，将呈现相对平稳的走势。有色金属产品价格出现明显分化，铜、铝等大宗品种受全球经济低迷、国际主要产矿国出口政策不确定、能源价格上涨等影响，价格会震荡调整；锂、镍等产品价格受益于新能源汽车、新能源需求增加和资源供应增加等影响，价格存在冲高回落的风险。

五、行业经济效益有所改善，利润有望实现正增长

预计 2023 年，我国原材料工业盈利水平会有所改善。随着刺激房地产、基建等系列稳增长政策陆续实施见效，下游行业需求有望得到改善，但改善空间有限，加之主要原材料产品产量增幅有限，市场供需有望趋于平衡。原材料产品价格相对平稳，原材料企业收入将会增加，石油价格有上涨空间，天然气价格有望冲高回落，煤炭、焦炭等原燃料价格持续上涨动力不足，原材料企业通过技术创新和降本增效，盈利水平有望改善。

第二节　各行业发展形势展望

一、石油化工行业

2023 年，化学品生产商将面临经济增长放缓、需求下滑以及关键产品链供应过剩的局面。与上游能源及炼油行业利润率形成鲜明对比的是，2022 年年末石化品生产利润率开始减弱，2023 年将继续面临压力。从全球各地区看，市场人士比较看重中国市场。市场人士预测，2023 年中国经济增速将明显反弹，预计增速 5.5%，并引领化学品需求复苏。在基础化学品和特化品方面，中国占据了所有关键指标的主导地位。中国目前占基础化学品需求的 40%，产能的 34%。按市值计算，中国占特种化学品需求的 26%。2023 年，世界经济将步入低速增长时期。中国经济也已告别高速增长时代，步入高质量发展

的新阶段。石化行业 2021 年和 2022 年经营业绩连创历史新高，主要因素是产品价格高位运行，保持这样的业绩面临诸多挑战。经济高速增长时代已过说明短缺经济时代已过，靠规模和数量取胜的时代一去不复返，只要生产出产品就能销售一空、获得丰厚利润的时代已一去不复返。当前，石化行业除乙烯、聚乙烯及某些高性能新材料和高端专用化学品尚有一定短缺外，其他主要石化产品都呈产能过剩状态。因此，石化行业在论证新建装置、新上项目、扩大产能规模时，一定不能忘记高速增长时代已过、过剩时代已来的大背景和大环境，一定要转变过去拼规模、拼投资、拼资源的传统观念，把高质量发展摆在首位，把绿色低碳转型和产业链供应链安全摆在更加突出的位置。

二、钢铁行业

2023 年是全面贯彻落实党的二十大精神的开局之年，全球经济增长面临放缓压力，中国经济在扩大内需的稳增长政策中将逐步回归正常增长轨道。预计 2023 年钢铁供需情况将有所改善。

从供给端看，2023 年我国钢铁供给将小幅下滑。"碳达峰、碳中和"背景下，钢铁行业将继续坚持绿色低碳发展路线，稳步推进产能减量置换、超低排放改造和极致能效工程工作，约束钢铁产量释放，预计粗钢产量将小幅下降。

从需求端看，国内钢材消费有望修复。2023 年，我国将实施更加积极有为的财政政策，随着各省市和部委加速推进重大项目复工开工，基础设施建设投资有望继续保持增长；制造业投资方面也将继续发力，得益于金融信贷政策支持、各地技改投资计划发力、国家支持高技术制造业自主可控等，制造业升级态势明显；房地产投资下行态势有望放缓企稳，2022 年以来，国家及各地政府都不断解绑房地产调控政策，多家房企发债融资取得进展，2023年全国房地产投资降速有望逐步放缓。

从进出口角度看，我国钢材出口将有所下降。受全球通胀问题、多国连续加息、全球制造业指数持续低迷等因素影响，全球经济面临放缓压力，海外钢铁需求预计小幅下降。

三、有色金属行业

整体看，2023 年，随着扩内需、稳增长政策的深入实施，有色金属行业整体保持平稳运行。从供应看，十种常用有色金属产量保持小幅增长；固定资产投资保持较快增长；有色金属产品进出口保持增长，铝土矿、铜精矿进口保持稳定或略有增加，预计铝材出口增幅减缓；受 2022 年高位价格影响，2023 年主要有色金属品种价格下跌，整体呈现"前降后稳"态势。从需求看，2023 年房地产将逐渐趋稳，特别是清洁能源转型背景下，光伏、风电等新能源以及新能源汽车、储能等产业的快速发展，有望进一步扩大铝、铜、锂、硅、镍、钴等有色金属消费量。

四、建材行业

2023 年随着疫情防控工作取得重大决定性胜利，经济呈现企稳回升态势，在稳增长预期下，建材行业也将实现恢复性增长。预计 2023 年建材行业工业增加值增速约为 4%，整体将主要呈现两个方面的特点，首先，建材行业市场将在结构调整中实现规模稳中有增；其次，建材产业结构调整将继续为行业发展增添动力。

从生产角度看，2023 年宏观背景总体好于 2022 年，房地产基建下行放缓，供给端压力虽大但整体向好。在房地产行业回暖的背景下，水泥行业景气度有望逐步恢复，预计 2023 年水泥产量将达到 21.8 亿吨，同比增长约 3%。平板玻璃行业企稳概率增加，2023 年产量将达到 10.6 亿重量箱左右，同比增长 4.5%。

从消费角度看，水泥、平板玻璃、建筑陶瓷等传统建材产品的主要市场需求集中在房地产、基建等领域，2022 年四季度房地产相关政策文件密集出台，房地产市场悲观预期有望被逆转。随着下游需求的不断释放，预计 2023 年建材产品需求量较 2022 年将有所提升。

从价格角度看，美欧经济由于通胀、能源危机等原因，具有较高的衰退风险，大宗商品价格大幅增长的可能性较小，预计 2023 年建材行业原材料均价较 2022 年有不同幅度回落。整体来看，2023 年建材价格同比上涨的概率不高。

从出口角度看，美欧等发达国家推动高端制造业回流、在东南亚等地区重构供应链等将对我国出口产生重要影响。预计 2023 年我国建材出口增速降低，出口额将达到 714.6 亿美元，同比增长 5.3%左右。

总体看来，预计 2023 年建材行业整体以稳增长为发展主基调，发展运行整体平稳。但随着碳达峰、碳中和工作的加快推进，水泥、平板玻璃、建筑陶瓷等被列入建材行业高耗能重点领域的行业，对照建材重点领域标杆水平和基准水平划定及《冶金、建材重点行业严格能效约束推动节能降碳行动方案（2021—2025 年）》，或将推动低效产能加快退出，产业结构将进一步优化，低效产能相对集中的地区，产能总量或将减少，双碳及环保政策的实施将推动建材行业整体转向绿色、低碳发展方式。

五、稀土行业

2023 年，专业机构对全球主要经济体的预期已经出炉，大部分经济体的预期不尽如人意。如 IMF 预测全球增长 2.9%，其中发达国家增速 1.2%，发展中国家增速 4%。发达国家中，美国预测增速仅有 1.4%，日本 1.8%，德国 0.1%，英国-0.6%。发展中国家中，印度 3.1%，巴西 1.2%，我国的 IMF 预测数据则为 5.2%。由于稀土产业链主体的绝大部分都在我国，2023 年受我国经济复苏的刺激，稀土及其产业链将获得发展的新机遇。但是，市场方面会迎来国外市场增长乏力、内需市场刚刚起步等带来的挑战。值得注意的方面有以下三点。

第一，新能源汽车国内渗透率接近 30%后，其增长速度将有所放缓。如中国汽车工业协会预测，2023 年国内新能源汽车的增长率为 30%，远低于 2022 年 100%的增长率。同时，国外新能源汽车的市场增量受到国外经济状况抑制，预期有所减弱。这将大大减弱近两年稀土产业最大的需求推动力，稀土产品的价格支撑在 2023 年将有所弱化。

第二，受到 2021 年和 2022 年市场需求的推动，国内外磁性材料产业出现了产能新增潮，其中大部分的新增产能预期在 2023 年上半年集中爆发。需求增速下降和产能爆发有可能在 2023 年上半年叠加，从而导致稀土永磁材料企业双重承压，国内稀土永磁材料企业的洗牌窗口期再次出现。

第三，由于目前稀土产品价格已经走弱，国内稀土资源供给增量预期可能会减弱。少量国外稀土资源开发进展有望在 2023 年发生效果，特别是东南亚地区的离子型稀土矿有望在今年进入市场，将对重稀土的供需关系产生较大的影响。

总体而言，稀土产业链在 2023 年将面临一定的挑战，外部市场将会对 3C、燃油车催化、风电等领域的应用造成持续压力，新能源汽车市场的增速相对放缓将对镨、钕产业链形成新的压力。协同产业链上下游，共同出海或许是破局的最佳方法。不过，中国经济的韧性已经在 2023 年第一个月充分显现，春节期间旅游和商务旅行显著增长，国内需求恢复的态势明显。我们相信，立足于国内大循环，通过产业链密切协作，稀土及其相关产业链将在 2023 年获得广阔的成长空间。

共享经济引领下新材料产业新模式新业态研究①

一、共享经济与新材料产业融合

（一）共享经济的发展与应用

最早提出共享经济概念的是美国社会学教授马克斯·费尔逊和琼·斯潘思。通过对共享汽车的研究，他们提出了共享经济的概念，认为共享经济等同于协同消费，"满足日常需求并与他人建立关系的日常活动"②，共享经济的显著特征是建立共享平台为产品和服务实现共享提供可能③。随着共享经济在各个领域的成功实践和蓬勃发展，对共享经济的研究逐渐增多。目前有关共享经济的概念尚未统一。有学者认为，共享经济是以互联网为基础，以个人和企业的产品、服务、知识等为资源，以消费者不完全占有为前提，实现使用权在不同消费者之间的共享④。有学者认为，共享经济是拥有闲置资源的个人或机构，将资源使用权有偿让渡给使用者，从而获得价值的一种经济形态。国家信息中心分享经济研究中心认为，共享经济是指利用互联网等

---

① 撰写日期 2022 年 2 月。

② 李晨，共享经济产业政策与反垄断法的平衡，载于《经济与管理评论》2022年第 1 期。

③ 徐婷婷、苏鸿飞，共享经济视角下制造业产能共享模式研究，载于《现代商贸工业》2018 年第 30 期。

④ 同③。

现代信息技术，以使用权分享为主要特征，整合海量、分散化资源，满足多样化需求的经济活动总和[①]。

近年来，我国共享经济快速发展，逐步渗透到制造业、服务业等各个领域。根据国家信息中心分享经济研究中心发布的《中国共享经济发展报告（2021）》，2020 年我国共享经济市场交易额达到 3.38 万亿元，同比增长约 2.9%。预计 2021 年，随着我国整体经济的稳步复苏，共享经济市场交易额增速有望达到 10%～15%，未来五年，我国共享经济年均增速有望保持在 10% 以上。

共享经济的应用主要集中在两大领域，一是直接面向消费者的生活服务领域，例如交通出行、外卖餐饮、民宿旅游、知识培训等行业；二是面向企业的生产制造及服务领域，例如企业间制造能力、创新能力、服务能力的共享。共享经济在生活服务领域的应用比较深入，共享型服务加速发展，消费新业态新模式不断涌现，推动交通出行、外卖餐饮等行业加速变革。国家信息中心数据显示，2020 年，我国生活服务领域的共享经济规模达到 1.62 万亿元。在生产制造及服务领域，共享经济的应用还处于探索发展阶段，部分制造业龙头企业推出共创型共享制造，部分电子商务企业推出交易中介型共享制造，中小企业推出协同型共享制造，部分第三方机构推出产业资源共建共享模式，制造及服务领域的新业态新模式快速发展。国家信息中心数据显示，2020 年，我国生产能力领域的共享经济规模达到 1.08 万亿元。随着制造业高质量发展的要求越来越迫切和共享经济模式的逐渐成熟，共享经济逐步由过去面向消费者市场向面向企业市场拓展，面向企业的生产制造及服务市场成为共享经济的新战场。

（二）新材料产业及其资源

新材料产业是指新材料本身形成的产业、传统材料提升的产业，新材料技术、研发设计、科技成果转化、知识产权服务、检验检测认证服务等。新材料产业具有覆盖范围广、技术壁垒高、资金密集度高、产业关联度强、产品附加值高、行业景气周期长的特点。上游原料主要来源于矿石、化工原料

---

① 蔡丹旦，打造"制造业+共享经济"的创新融合——浅析中国制造业产能共享的运营模式，载于《中国经贸导刊》2018 年 6 月。

等，下游应用领域主要包括新一代信息技术、新能源、新能源汽车、高端装备制造、生物医药、节能环保等领域，是先进制造业发展的基础。

新材料产业资源是指新材料研发创新、生产制造、销售、经营、检测评价、产业政策制定、决策管理等全产业链领域的数据资源和实体资源。数据资源类别分为数值类、科技文献类、事实类和多媒体类等 4 类。数值类包括统计数据、测量数据、实验数据及科学数据；科学文献类包括期刊、会议、文集、学位论文、专著、科技报告、行业报告、成果、专利和标准等；事实类数据包括专家名录、百科、词典、字典、术语、课件、词表、产品样本/设计、计量规程、分析工具、政策法规（产业政策、项目指南、通知、产业规划）和新闻；多媒体类数据包括表格、图像、图形、音频、视频等资源。实体资源包括产品、标准样品、生产设备、专用工具、生产线、仪器设施、技术、企业、园区、人才和资金等（见表 A-1）。

表 A-1　新材料产业数据资源类型、来源

资源大类	资源种类	细 分 种 类	来　　源
数据资源	数值	统计数据、测量数据、实验数据、科学数据	政府、科研机构、高校、企业、生产应用示范及测试评价平台等
	科学文献	期刊、会议、文集、学位论文、专著、科技报告、成果、专利、标准	出版机构、科研机构、高校、图书情报系统、政府等
	事实	专家名录、百科、词（字）典、术语、课件、产品样本/设计、分析工具、词表、计量规程、政策法规、新闻	互联网、政府、检测机构、企业、生产应用示范及测试评价平台等
	多媒体	表格、图像、图形、音频、视频等	出版机构、科研机构、高校、生产应用示范及测试评价平台、图书情报系统、政府、协会等
实体资源	实体资源	产品、标准样品、生产设备、专用工具、生产线、仪器设施、技术、企业、园区、人才和资金等	企业、科研机构、高校、金融机构、地方政府等

（三）共享经济与新材料产业融合的意义

党和国家高度重视共享经济在制造业的应用。共享经济是经济发展的重要趋势之一。共享经济的发展和应用改变了人类生活、生产和交易方式，共

享经济在制造业的应用也会推动制造业的研发、生产组织交易模式的变革。世界各国都把推动共享经济在制造业应用作为推动制造业转型升级和创新发展的重要动能。英国在2014年推出了关于发展共享经济的计划，出台一系列政策支持共享经济发展。澳大利亚大力发展共享汽车，将其列入悉尼2030战略规划。韩国首尔推出了"首尔共享城市计划"，推动信息汇集、公共设施共享、共享平台建设。在制造业领域，德国的工业4.0计划、美国的工业互联网战略，都强调推动新一代信息技术改造与制造业的深度融合，发展基于网络的智能制造、协同制造、共享制造等。我国出台了一系列政策支持共享经济在生产制造及服务领域的应用。党的十九大报告明确提出，"加快建设制造强国，推动互联网、大数据、人工智能和实体经济深度融合，在共享经济等领域培育新增长点、形成新动能"。国家发展改革委2017年7月发布《关于促进分享经济发展的指导性意见》，"鼓励企业、高校、科研机构分享人才智力、仪器设备、实验平台、科研成果等创新资源与生产能力"；同年12月，国家发展改革委启动"共享经济示范平台"建设。工业和信息化部2019年出台《关于加快培育共享制造新模式新业态 促进制造业高质量发展的指导意见》，明确提出"推进制造、创新、服务等资源共享""加快培育共享制造新模式新业态"。

推动新材料产业高质量发展对共享模式应用提出了迫切要求。我国新材料产业发展总体上仍处于跟踪模仿和产业化培育的初期阶段，与建设制造强国的要求相比，关键材料保障能力不足、"卡脖子"问题尚未得到根本解决，产业结构不尽合理、高端产品比例不高的现状急需改变。产业发展的现状与发达国家的先进水平相比整体实力上还有较大差距，与世界第一原材料工业大国的地位不匹配，与新时期高质量发展的要求不适应。特别是在产业资源共享方面，我国新材料产业已积累沉淀了海量资源，但各类资源分布于不同主体，信息封闭不对称，资源闲置浪费，交易流通困难，价值难以被有效挖掘利用，资源共享不畅问题亟待解决。推进共享经济在新材料产业的应用，有助于加快产业各类资源交流互通，满足企业提升生产效率需求，适应政府部门信息化管理需要，适用新材料科技、产业、市场、金融等方面的资源共享和服务需要，提升新材料产业要素资源配置效率和我国新材产业综合竞争力。

资源积累和信息技术发展为共享模式在新材料产业应用提供了有力支撑。经过多年快速发展，我国新材料产业规模不断扩大，创新成果不断涌现，技术水平不断提高，同时应用需求也在不断增长，生产和应用企业、科研院所、高校、行业协会/联盟、政府部门、金融、互联网等机构积累沉淀了海量的产业资源。另外，我国信息化发展水平日益提高，以互联网、物联网、大数据、云计算、人工智能等为代表的新一代信息通信技术取得飞速发展，相关硬件基础设施、数据采集分析展示、整体解决方案、数据交易、数据资产管理、数据安全等应用工具和支撑环境方面的条件保证能力不断增强，对产业资源的采集、挖掘和应用水平日趋深化，在各大产业领域的两化融合发展进程不断深入。这些有利条件都为共享模式在新材料产业的应用奠定了坚实的物质和技术基础。

二、共享模式在新材料产业的应用现状

大数据、云计算、物联网等新一代信息技术的推广应用，以及新材料产业创新发展的双重趋势促使共享经济与新材料产业逐步融合。通过建立共享平台，新材料产业的研发设计、生产制造、采购销售、物流运输、仪器设施、技术装备、行业管理等资源都可以实现共享，共享模式在新材料产业各领域、各环节、各相关机构和单位逐渐兴起和应用。

（一）研发设计环节——创新能力共享

共享模式在新材料研发设计环节上的应用主要体现在创新能力的共享。企业、科研机构、高校等是新材料产业的创新主体，拥有新材料领域技术、专利、标准、科学文献、实验设备、科研仪器等创新资源，同时对新材料产业前沿技术、最新文献、仪器设备等有创新需求。实现创新能力共享，围绕企业、科研机构、高校等需求，集聚全社会创新资源，开展产品设计与研发能力共享，可以降低研发创新成本，加速新材料产业创新发展。

当前，创新能力共享主要集中在两个方面，一是科技文献、专利、标准等创新知识资源共享，二是科学仪器、测试仪器等创新设施共享。

1. 创新知识资源共享

创新知识资源共享通过搭建知识类资源共享平台实现。科技文献方面，相关的平台众多且绝大部分是提供全领域覆盖的综合性文献平台。其中中国知网、万方数据和国家科技图书文献中心（NSTL）三家平台拥有最全的自主加工和自有知识产权的科技文献和数据库，中国知网、万方数据的文献资源以国内为主，NSTL以国外印本资源为主，两者的资源重合度较高，但各

自也有部分排他性资源。中国知网、万方数据拥有大量与材料有关系的科技文献，用"材料"进行检索，可发现 100 种左右期刊。其他各省级、高校、院所、企业的科技文献平台的资源大多数是从以上三个平台或者国外的文献平台购置或者仅提供二次文献检索，需要资源时到这三个平台下载。

专利方面，以国家专利局的资源最全最权威。由于专利分析与科研和企业经营有密切关系，专利分析专业化程度高，对专利的实时性要求高，因此，还有很多基于专利局的数据对专利按照应用场景和需求进行加工和重新组织提供信息服务的公司和网站，例如，万象云、soopat.com 等，这些平台提供及时、专业的数据更新，还提供强大易用的专利搜索、分析和数据处理工具，提供简洁明快的操作界面和丰富的在线业务功能，并由具备专业素养的优秀服务团队提供支撑，可以快速检索各类专利技术，还可以对这些专利技术进行筛选、加工和分析，获取关于技术细节、发展走向、侵权风险和应对策略等各方面的深层次信息。除此以外，智慧芽、和享智慧、大为、知识产权出版社 DI 等专利数据库也被广泛使用。

标准方面，国家层面有国家技术标准资源服务平台，它将分布在各行业部门、地方的国内外标准资源进行整合和优化，建立了涵盖国家标准化资源、国际标准化资源、WTO TBT/SPS 资源、标准文献题录及标准全文资源的数据库群。省级层面有省级标准文献信息服务平台，例如四川省标准文献信息资源服务平台、安徽省标准化信息服务平台等，这些平台由省标准化研究院建设，是集标准文献资源综合服务、产业技术标准服务、标准化培训与交流服务、质量安全技术研究服务于一体的综合性服务平台。此外，我国也有一些行业领域的标准服务平台，例如由机械科学研究院中机生产力促进中心建设并维护的我国工业行业的标准化门户网站"标准网"，提供黑色冶金、有色金属、石油、石化、化工、建材、稀土等十九个行业的行业标准管理与服务信息。

2. 科学仪器及实验设施共享

目前我国已经构建了多级并存的仪器及测试共享平台体系。部分平台已经初具规模，运行稳定，创造了良好的经济与社会效益。例如，大型科研仪器国家级平台——国家科技基础条件平台中心，拥有重大科研设施共计 70 多处和大型科研仪器共计 42000 台套，致力于推动实现重大科研基础设施和大型科研仪器、科学数据和信息、生物种质和实验材料等科技资源的优化配置、开放共享与高效利用。又如，通过跨地区、跨领域、跨部门网络式联合构建的大型科学仪器中心——国家大型科学仪器中心平台，是从事仪器信息、仪器知识、分析方法、科研动态以及学术交流等资源信息共享的平台，大型科学仪器设备的平均共享率达到 51%。平台拥有 16 个国家大型科学仪器中心，分别设在北京、上海、广州等地，拥有仪器设备 4000 多台套，涉及生命科学、环境科学和材料科学等领域。此外，我国还有很多市场化的仪器设施共享平台，例如新材料和检测领域的数字化产业互联网综合服务平台——找我测。该平台与科技部科研基础设施和科学仪器管理平台开展合作，开展材料领域仪器共享，同时平台吸引了有研集团、国检集团、中铝集团、钢研纳克等行业知名企业入驻，开展材料领域仪器共享、测试检测等服务。

（二）生产制造环节——制造能力共享

共享模式在制造环节的应用体现在制造能力的共享。大中小新材料生产企业拥有生产设备、专用工具、生产线等制造资源，特别是大企业资金充足，拥有很多高端生产设备、生产线和劳动力，有相对完整的生产系统，生产旺季时，产能可以充分利用；生产淡季时，部分设备闲置。相较而言，中小企业的生产能力相对不足。以互联网平台为基础，推动企业之间在不同阶段生产资源和能力的共享，可以盘活企业闲置的生产资源，提高生产资源使用效率，实现企业之间的互利互惠。

制造能力共享有三种模式，一是由新材料龙头企业推出的共创型共享制造，二是由电子商务企业推出的交易中介型共享制造，三是中小企业推出的协同型共享制造。龙头企业推出的制造能力开放共享平台，代表性的有北京首钢自动化信息技术有限公司推出的"面向京津冀全产业链集群创新的洁净钢工业互联网平台"，唐山成联电子商务有限公司推出的"陶瓷行业供应链协同制造共享平台"，金旸（厦门）新材料推出的"基于互联网的高分子新材料'双创'平台"等。其中首自信的"面向京津冀全产业链集群创新的洁净钢工业互联网平台"依托首钢在北京、河北的钢铁企业布局，利用数字化技术对生产线进行改造，促进生产要素在不同车间和工厂之间的精准和快速匹配，推动不同车间和工厂之间的分工合作，向大规模化定制化生产转变。金旸新材料的"基于互联网的高分子新材料'双创'平台"，充分利用互联网思维和共享理念，搭建共创共享的平台生态，为创业合作人提供资源获取、研发指导、市场开拓等服务，平台还配备了研发团队、模拟加工中心、检测中心和配色中心，以及大中型实验设备，推动新产品的升级研发。同时，为推动新产品的产业化和生产制造，平台引进了生产设备、智能仓储系统，启动了智能制造体系建设，探索高分子材料行业的共享制造模式。

（三）采购销售、物流仓储等环节——服务能力共享

共享模式在采购销售、物流仓储等生产性服务领域的应用主要体现在服务能力的共享。新材料生产及其上下游企业、物流快递企业、互联网平台、检验检测机构等拥有生产设备、检测设施、运输工具、资金等资源，有能力提供生产性租赁服务，货物运输、仓储和邮政快递服务，检验检测服务，节能与环保服务，金融服务，商务服务，批发经纪代理服务等，同时这些企业和机构需要了解新材料及其上下游市场行情，包括行业最新资讯、交易价格行情、进出口数据、新产品/新工艺/新技术专栏资讯等。搭建服务能力共享平台，通过整合全社会企业和机构的服务资源，围绕验货验厂、物流仓储、产品检测、设备维护、供应链管理、数据存储与分析等需求，发展集约化、智能化、个性化的服务能力共享，可以提高行业服务能力，优化新材料产业发展环境。

服务能力共享平台通常有两种组建模式，一种是由材料生产企业牵头组建，一种是由第三方机构组建。由生产企业组建的共享服务平台，典型代表是易派客。该平台是中国石化建立的集采购、销售功能于一体的电商平台，对内服务中石化自身采购与供应需求，对外为社会企业提供采购、销售、金融和综合服务。截至 2020 年 9 月，易派客平台累计上线钢材、煤炭、石化专用设备、劳保用品、电子工业产品及元器件等 56 大类物资和 715 万种商品，业务范围遍及 104 个国家和地区。由第三方机构组建的共享服务平台，典型代表有找钢网、欧普智网、铜道、找塑料网、思贝克、新材料在线、寻材问料等，这些平台专注于国内大宗材料的供需服务，以开展大批量生产的成熟材料品种交易为主，依靠市场机制实行商业化运作模式。其中新材料在线和寻材问料平台发展较快，建设有新材料企业库、新材料技术库、新材料人才库、新材料项目库、新材料投资机构数据库、新材料园区数据库、牌号标准库、工艺参数库、工艺知识库等，可以向新材料企业提供新材料研究咨询、创业、科技、投融资、人才、金融服务等。通过这两个平台，下游用户能够便捷准确地找到最符合生产要求的材料，减少了交易双方的信息不对称，降低了新材料生产企业和下游应用企业的交易成本，提高了交易效率，加速了新材料的推广应用。

（四）全产业链条——产业资源共享

共享模式在新材料产业全链条的应用指通过搭建产业资源平台，实现新材料产业政务信息、产业信息、科技成果、技术装备、研发设计、生产制造、经营管理等资源的共享。这些资源分散在不同政府部门、生产和用户企业、科研单位、高校、行业组织等，需要第三方机构联合龙头企业、科研院所、互联网机构等，整合政府、行业、企业和社会资源，形成具有较高开放共享程度的共享生态体系。

2018年，为全面提升我国新材料产业资源共享服务水平，工信部和财政部联合发布《国家新材料产业资源共享平台建设方案》，提出产业资源共享平台的建设思路、建设原则、组建和运行模式。在国家政策的引导下，我国开始了产业资源共享平台建设的探索。国家层面，2018年12月中国电子信息产业发展研究院牵头，联合钢铁研究总院、中国科学院宁波材料所、西北工业大学、深圳赛瑞、北京赛迪时代信息产业股份有限公司等11家单位共同开展国家新材料产业资源共享平台建设。该平台整合政务信息、行业知识、仪器设施、科技成果、会议会展、金融、法律等新材料产业资源，利用大数据和人工智能技术，汇聚新材料领域不同来源和不同类型的资源，建设政务信息服务、行业知识服务、仪器设施共享服务、科技成果转化服务等六大模块，为新材料行业管理部门、生产企业、下游用户单位、高校、科研机构、金融机构等提供资源共享服务和特色增值服务。地方层面，宁波高新区开展"新材云创"平台建设。该平台与国家新材料产业资源共享平台、国家新材料测试评价浙江区域中心等合作，汇集国家、省、市新材料产业科技创新数据，通过大数据、云计算等技术手段，搭建专家、企业、学术论文、仪器设施等数据库，建设数据驾驶舱、数字孪生仿真模块、平台门户服务端三大模块，为政府、企业、机构等提供决策支持、上下游对接、技术支持等服务。目前，"新材云创"平台收集和汇聚了27万条新材料人才专家数据，超过1000家全国磁性材料企业数据。截至目前，国家和地方层面的产业资源共享平台还在建设完善中。

三、共享模式在新材料产业应用中遇到的困难与问题

（一）产业资源开放性有待提高。

实现资源整合和开放共享是推动我国新材料产业高质量发展的途径之

一。但在实践中，我国新材料产业资源开放共享程度偏低。一是资源开放难度较大。大型新材料企业通常是央企或者国企，生产装备、技术资源、专用工具等属于国有资产，向社会开放共享的程序烦琐、难度较大。新材料行业管理部门之间、中央和地方管理部门之间涉及数据安全等问题，数据资源共享实操性不强。二是缺乏统一的资源标准。新材料产业资源综合性强、品种门类多、分散程度高，涉及众多专业领域、行业和部门，不同的数据资源格式和标准不同，各系统之间难以相互联通和应用。不同企业间生产设备的通用性不够，企业之间设备接口和标准不统一，增大了共享制造的难度。三是共享机制不健全。新材料产业资源开放共享机制完善程度及其可操作性是决定资源开放共享水平高低的关键。目前，我国新材料产业资源共享机制不明晰，资源开放共享可操作性难度较大，严重阻碍了资源的整合、共享，极大地制约了服务效率，造成了产业资源利用率低下，甚至浪费。

（二）不同领域和环节产业资源共享水平发展不平衡。

一是从新材料产业全产业链环节来看，采购销售、物流仓储等环节的服务能力共享水平最高，研发设计环节的创新能力共享水平次之，生产制造环节的制造能力共享水平最低。究其原因在于，采购销售、物流仓储等环节发展相对成熟，市场化和开放程度比较高，很多新材料企业对这部分生产性服务外包给第三方机构有强烈的需求，有助于降低企业采购运营成本。二是从新材料产业不同领域/部门来看，不同新材料领域内部资源协调能力存在差别，资源共享程度差异较大。部分新材料领域产业基础条件好，共享模式应用早，拥有一批专业化的产业资源共享平台，产业资源共享程度相对较高。三是从企业角度来看，大中小新材料企业数字化水平和资源整合能力不同，资源共享程度存在较大差异。大企业充分利用"互联网+"等手段，具备搭建创新协同、产能共享、供应链互通的开放式产业共享平台的能力，资源共享程度较高。中小企业由于自身资金、人才等资源有限，资源共享程度不高，通常依托大企业或采取中小企业联合的方式推动产业资源共享。

（三）产业资源共享平台建设和运营水平有待提高。

产业资源共享平台建设和可持续运营两个方面的保障：一是高质量产业资源，二是先进支撑技术。由于人力、财力和物力的投入不足，已建成运营的新材料产业资源共享平台或缺乏系统、权威、持续更新的产业资源，或缺乏先进的资源处理和整合加工手段，使资源不能得到有效整合和利用，用户难以获得良好的服务体验，导致产业资源共享平台难以持续健康发展。此外，大部分新材料产业资源共享系统和平台过度依赖政府投入，开放合作程度不够，商业模式单一，资本化运作不足，导致社会效益和经济效益难以平衡兼顾，影响力不足。很多平台建成后，自我造血能力弱，难以持续发展。

商业模式和服务模式有待创新。新材料产业细分领域众多，产品价值分配复杂，产品质量把控要求高，不同新材料企业线上线下协同难度较大。相比于生活服务领域的共享模式应用，新材料产业资源共享的商业和服务模式更加复杂，探索和创新过程较为漫长。目前国内新材料产业资源共享系统或平台的服务主要集中于产业资源对接上，服务类型相对单一。部分电商牵头组建的新材料资源共享服务平台主要服务内容就是撮合新材料及其下游企业进行产品交易，赚取中介服务费用。部分新材料企业牵头成立了产业资源共享平台，但产业资源共享的范围多集中于企业内部或单个产品领域，且倾向于企业自主提供研发创新、生产制造等服务，未能形成面向整个行业或区域的、相对成熟的资源共享的商业模式和服务模式。部分从事新材料产业资源共享的平台，缺乏面向用户的系统设计、数据深度挖掘和个性化服务，不能满足用户综合性的"一站式"服务需求，平台综合化和专业化服务能力不强。

四、相关建议

（一）加强政策激励和落实，完善产业资源共享机制

充分认识和把握共享经济在新材料产业推广应用的意义，从国家层面研究和推广共享经济在新材料产业应用的模式及其影响等。加强国内外共享经济应用案例的宣传和学习，提高政府、新材料生产企业、用户单位、高校、科研机构等对共享经济的理解和认识。鼓励行业协会、第三方机构等分领域、分环节、分类型制定新材料产业资源标准，推动产业资源标准在新材料产业的应用。加快参与共享制造的新材料企业的生产制造设备的智能化改造和接口标准的统一，落实固定资产加速折旧优惠政策。加强产业资源安全和隐私保护管理，确保新材料领域共享平台的安全运营，保障新材料产业安全。探索知识产权保护和数据保护机制，明晰共享过程中每个参与单位在每个环节的权利和义务。制定完善符合新材料产业特点的资源开放共享机制，鼓励新

材料龙头企业、用户单位、互联网机构等加强合作，破除体制障碍，消除信息壁垒，整合新材料相关管理部门、企业、产业和社会资源，最大程度实现新材料产业资源共享。

（二）加快共享模式在重点环节的应用，推动实施共享制造

以满足新材料产业链各环节资源共享需求为目标，探索共享经济在新材料产业全产业链各环节应用的最佳模式。贯彻落实《关于加快培育共享制造新模式新业态 促进制造业高质量发展的指导意见》，强化新材料产业链薄弱环节，针对新材料产业生产制造环节共享水平不高的问题，进一步优化政策环境，鼓励产能对接、协同生产、共享工厂等新模式新业态的发展。对于有意愿从事共享制造的企业给予相应的税收激励，组织实施共享制造试点示范，鼓励优秀新材料企业率先开展产能共享，以点带面，形成可复制、可推广的典型经验。大中小企业之间的共享制造，鼓励新材料龙头企业搭建资源共享平台，将富余的研发设计、制造能力、仓储物流、人才等资源向中小企业开放共享，提高资源利用效率。鼓励第三方机构搭建面向中小新材料企业的产业资源共享平台，或者中小企业之间共同建造产业资源共享平台，加强云计算、大数据、人工智能等新一代信息技术在中小新材料企业的应用，推动中小新材料企业之间产品研发、生产制造、经营管理等资源的开放共享。

（三）发挥市场机制作用，推进各类新材料产业资源共享平台建设

充分利用市场机制，依托现有基础设施资源，调动社会力量，鼓励各类新材料产业资源共享平台发展。加快推进国家新材料产业资源共享平台建设，深入整合政务信息、行业知识、仪器设施等全社会资源，加强顶层设计和科学统筹，力争到 2022 年年底完成平台建设任务，初步形成多方共建、公益为主、高效集成的新材料产业资源共享服务生态体系。同时，鼓励国家新材料产业资源共享平台建成后吸收更多的社会力量和资本参与后期的运营和维护，探索市场化的运营模式，为新材料用户提供特色资源和增值服务，实现平台的可持续运营。支持地方已有新材料领域资源共享平台快速发展，鼓励宁波高新区牵头建设的"新材云创"平台发展，形成示范作用，引导支持共享模式在新材料产业的逐步普及。鼓励新材料生产企业、用户单位、高校、科研机构、行业协会等联合探索新材料领域的共享模式应用，组建新材料产业资源共享发展战略合作联盟，推动各方面资源的整合利用。

（四）加强基础设施建设，加快互联网+新材料产业融合发展

提高工业系统软件、自动化技术等在新材料企业的应用水平，加快工业云、工业互联网、CPS 等技术在新材料产业的普及应用，推动新一代信息技术的应用成果向新材料企业的输出和转化，加速推进新材料企业数字化建设。加快新材料企业 5G 网络建设，推动新材料企业智能车间、智能工厂建设，提高生产制造过程的智能化水平，保障生产制造过程数据可以在大容量、高速率平台上完成传输。探索人工智能、区块链等新技术在新材料产业资源共享中的应用场景，借用区块链技术解决不同新材料企业、用户单位等在产业资源共享中存在的信用成本和交易成本问题，探索建立资源运营区块链，强化产业资源共享的信任基础。加快新材料企业资源上云进程，鼓励新材料企业将可以共享的知识库、人才库、供应链、仓储物流等资源上云，打破企业之间数据孤岛，推动新材料产业创新、制造、服务能力的在线化和商品化。抓住新型基础设施建设和制造业"双创"平台建设的机遇，争取专项资金对新材料领域新型基础设施建设和"双创"平台建设的支持。

新材料产业集群发展研究①

一、新材料产业集群发展背景、现状、特征与阶段

（一）发展背景

1. 发达国家高度重视新材料产业集群的发展

进入 21 世纪以来，美、欧、日等发达国家和地区均将新材料产业发展提高到国家战略高度，并制定了推动国家新材料产业集群建设与升级的战略和计划。具体包括：2002 年，日本实施的知识集群计划着重提出在京都、富山、长野辖区以及滨松等地区打造纳米技术和材料集群；2005—2013 年，法国实施的"竞争极"计划重点布局纳米材料、生物技术等产业领域；2001 年，德国萨尔州提出创新战略，重点推动新材料领域集群的创新发展。2010 年，美国区域创新集群计划提出推进的 56 个创新集群，也重点布局新材料领域。

2. 我国大力支持打造材料领域先进制造业集群发展

2017 年，党的十九大报告中首次提出，要"推动先进制造业集群发展，构建一批各具特色、优势互补、结构合理的战略性新兴产业增长引擎"。2022年政府工作报告中再次强调，加快发展先进制造业集群，实施国家战略性新兴产业集群工程。各部门纷纷出台政策，推动先进制造业集群发展。包括科技部创新型产业集群、商务部经济技术开发区创新提升工程、国家发展改革委战略性新兴产业集群以及工业和信息化部先进制造业集群竞赛等。"十四五"原材料工业发展规划中也提出，到"十四五"末，在原材料领域形成 5

---

① 撰写日期 2021 年 7 月。

个以上世界级先进制造业集群。

3. 各地积极培育发展新材料先进制造业集群

"十四五"期间，各地政府纷纷出台规划、方案，推动本地区新材料产业集群发展。山西省工信厅提出《山西省新材料产业集群打造 2022 年行动计划》，从集群突破、生态打造、技术攻坚、项目扶持、企业倍增、强链补链等六大方面推动全省新材料产业集群发展，进一步提高新材料产业发展规模和质量。安徽省发展改革委发布《安徽省"十四五"新材料产业发展规划》，提出开展链主企业培育专项行动，高标准培育"3+2+N"产业链链主企业，发展壮大半导体硅基新材料、新能源硅基新材料、信息显示硅基新材料、生物医药硅基新材料等产业链，打造世界级硅基新材料产业集群。宁夏也明确提出"十四五"时期新材料产业实现产值 2000 亿元以上，打造银川、石嘴山光伏材料，宁东化工新材料，石嘴山、宁东锂离子电池材料等产业集群。浙江省 2022 年新材料产业重点建设实施千亿级新材料战略性新兴产业集群建设行动计划。

（二）发展现状

1. 总体呈现"东部沿海聚集，中西部特色发展"的空间布局

根据我国区域重大战略、区域协调发展战略和主体功能区战略，各地基于材料工业基础、科研条件、资源禀赋、市场需求、环境承载力等比较优势，大力发展区域特色新材料产业，推动新材料相关企业集聚化发展，涌现出一批各具特色的新材料产业集群。

根据 2019 年国家发展改革委提出的 66 个国家级战略性新兴产业集群名单，全国共有 9 家新型功能材料产业集群和 5 家先进结构材料产业集群，涉及福建、湖南、山东、河南、安徽、浙江、贵州、陕西、江西和新疆等地。2019 年起，工业和信息化部开展先进制造业集群竞赛，广东省深圳市先进电池材料集群、江苏省苏州市纳米新材料集群、浙江省宁波市磁性材料集群和江苏省常州市新型碳材料集群等 4 个新材料先进制造业集群入选决赛。

总体来看，我国东、中、西部地区新材料产业发展各有侧重，呈现"东部沿海聚集，中西部特色发展"的空间布局，区域特征明显。其中东部地区形成了以环渤海、长三角、珠三角等地区为代表的新材料综合性产业集群，中西部地区形成了以材料深加工和资源利用为基础的特色新材料产业基地，东北地区形成了服务于重大装备和工程的特色新材料产业基地。

2. 东部地区：围绕环渤海、长三角、珠三角地区，形成综合性产业集群

依托区位、产业、人才和技术优势，环渤海、长三角和珠三角等东部地区已形成了较为完整的新材料产业体系，承担着新材料的研发创新、高端制造等功能，形成了一批综合性新材料产业集聚区。其中，环渤海是国内创新资源最为集中的地区，聚集了众多大型企业总部和重点科研院校，以电子信息材料、新能源材料、生物医用材料、航空航天材料、高性能膜材料、前沿新材料等高精尖材料为发展重点，形成了高端新材料产业集群。长三角地区经济基础雄厚，产业配套齐全，交通物流便利，是我国重要的新材料研发、生产和消费市场，也是新材料产业集聚度最高的地区，拥有一批高性能金属材料、先进高分子材料、高性能纤维等领域产业集群。珠三角地区下游应用市场空间和潜力大，外向型出口经济发达，新材料产业集中度高，在电子信息材料、化工新材料、先进陶瓷材料等领域形成了一批优势产业集群。

3. 中西部地区：形成以材料深加工和资源利用为主的特色产业集群

中部地区凭借资源禀赋，发展钢铁、有色金属、化工、建材等传统材料工业，依靠技术创新推动传统材料转型升级，发展了一批技术含量和附加值高的精深加工产品，打造了一定规模的新材料产业基地，形成了江西赣州新型功能材料产业集群、湖南株洲硬质合金材料产业集群、河南超硬材料产业集群等。西部地区资源能源优势丰富，但高端人才吸引力不足、技术创新迭代速度较慢，依靠资源转化优势和重点企业，通过技术引进与合作等方式，在稀有金属材料、新型轻合金、新能源材料等领域形成了一批特色鲜明的新材料产业基地。

4. 东北地区：服务于重大装备和工程的特色新材料产业集群

东北地区钢铁、化工等大宗基础材料优势明显，装备制造基础雄厚，但近年来经济活力下降、人才外流现象严重。依托东北老工业基地奠定的技术积累和产业工人优势，瞄准高端装备、航空航天等产业需求，在高端金属结构材料、高性能复合材料和先进高分子材料等领域集聚发展，初步建成吉林碳纤维、黑龙江石墨烯等产业集群。

（三）发展特征

1. 向特色化、专业化方向发展

新材料产业集群是由生产一类或几类新材料的企业集聚而成，集群内企

业专注于某一类或几类新材料研发设计、生产制造、管理销售，企业之间存在既竞争又合作的关系，这种关系的企业集聚有利于降低企业投资门槛和交易成本，通过打造外部经济增强区域竞争力。我国的新材料产业集群是各地根据自身优势，集聚起来的一批新材料生产企业、专业供应商、相关企业、金融机构等群体。例如，深圳拥有国内最大、产业链相对完整的先进电池材料产业集群，集聚了动力电池正负极材料、电解液和隔膜等领域的国内外代表性企业，集群主导产业产值超过 5000 亿元，工业总产值在全国占比超过70%。宁波在稀土磁性材料、化工新材料领域处于国内领先水平，形成了具有国内影响力的产业集群，稀土磁性材料产量占全国的 40%，MDI、ABS、聚丙烯树脂等化工新材料产量位居全国第一。苏州围绕纳米技术应用产业，形成了从设备、原材料、制备、工艺、集成到应用全产业链的纳米材料产业集群，成为全球八大产业集聚区之一，其应用领域产业产值突破千亿元。

2. 产业基地或园区成为发展重要载体

我国新材料产业集群都是由新材料及其相关企业在一定区域范围内高度集中形成的，部分集群依托园区或产业基地发展起来，在政府引导下，新材料及其上下游企业入园或基地发展；部分集群最初依托企业发展，形成一定规模后，吸引集聚更多新材料及其相关企业，最终成为产业园区或基地。例如，包头稀土高新区拥有 95 家稀土企业，是国家稀土新材料新型工业化产业示范基地。赣州国家高新技术产业开发区以钨和稀土新材料及应用产业为重点，形成了从冶炼加工、产品应用到检验检测的产业体系，获批国家级稀土钨新材料战略性新兴产业集群，成为国内最大的稀土、钨产品加工基地。截至目前，我国已批准设立的各类国家级新材料产业基地约 278 个，各省市级新材料产业园区或基地数量更多。

3. 逐渐形成大中小企业集聚共生网络结构

我国颇具规模的新材料产业集群基本都是龙头企业或大企业带动中小企业集聚形成的网络结构。例如，铜陵先进结构材料产业集群（铜基新材料产业集群）以跻身世界 500 强的铜陵有色，特种电磁线产量国内第一、漆包线产量全球前列的铜陵精达，以及铜加工行业精细化管理标杆海亮股份为核心，集聚了 63 家规上工业企业以及一批中小企业，形成了"龙头+骨干+中小"的企业集群。集群内形成了品种齐全、配套完善的铜加工产业链，是我国竞争力较强的铜基新材料产业集群。烟台先进结构材料产业集群由龙头企业万华、南山铝业，骨干企业泰和以及 200 多家企业组成，形成了"龙头+

骨干+关联"的企业发展格局。在龙头企业的带动下，烟台先进结构材料产业集群的吸引集聚能力不断增强，2020 年实现产值 1500 多亿元，带动就业近 10 万人。

4. 单一产业集群向多类型产业集群转变

随着产业转型升级和产业融合发展逐渐加速，我国新材料产业集群呈现出单一向多样化集群发展的融合趋势，体现在两个方面：一是内部融合。由于新材料种类繁多，不同材料生产制造环节存在一定的耦合关系，所以我国新材料产业集群往往不是单一品种的产业集群，而是多品种共存的产业集群。例如湛江先进材料产业集群主要包括以宝钢为代表的先进钢铁材料和以巴斯夫为代表的高端化工材料两大类材料产业集群。烟台先进结构材料产业集群包括以万华为代表的化工新材料产业集群和以南山铝业为代表的先进有色金属材料产业集群。二是外部融合。新材料作为生产性投入，是生产制造的源头，新材料产业集群往往与其他制造业集群共生融合发展。例如，深圳先进电池材料产业集群依托以比亚迪为代表的整车制造及电机、电控、配套等新能源汽车产业集群发展起来，先进电池材料产业集群也是新能源汽车全产业链集群的一部分。广东是电子信息产业集聚区，也是电子材料集聚区。

5. 以促进机构为代表推动集群创新发展

集群的创新需要由市场推动，依靠自下而上的内生动力，经过要求协同作用和长期自发形成。政府干预有可能助力这种协同作用的实现。协会、生产力促进中心、技术服务平台、企业技术中心、创新中心、国家重点实验室、职业培训中心、集群促进机构等中介机构和组织，共同构成集群的良好创新环境，促进企业合作和加强产业联系。例如，宁波市磁性材料产业集群发展促进中心依托中国科学院宁波材料所，整合各类科创平台、高校院所、龙头企业、创新人才、产业服务等创新资源，支撑本地磁性材料产业集群发展所需的技术和人才。深圳市清新电源研究院成为全国唯一一家以电池及电池材料产业为集群的促进机构，集聚了 200 多家电池关键材料生产、电池及模组生产制造、新能源汽车、储能市场等应用开发和电池回收企业，产业链上下游配套十分完善。

（四）发展阶段

新材料产业集群的发展阶段既具有集群普遍特征，也具有自身独特性。材料是技术知识密集型产业，新材料技术更新换代带动产业升级，新材料产业集群会向更高阶段演进；依靠资源发展起来的新材料产业集群，周期变化会受到资源储量和开采量等约束，这也倒逼资源型新材料产业集群通过技术创新增强集群发展动力，避免落入传统材料产业集群发展困境；新材料产业集群的发展得到中央和地方政府的大力支持，政策引导和推动会加速新材料产业集群的周期演进。

1. 形成期

围绕一个或几个主导新材料企业，新材料企业和关联企业向主导企业靠近，形成空间集聚。新材料企业在技术上具备一定相关性，可以进行交流协作，能够分享新材料相关知识与信息，新进入的企业可以增加产业集群整体知识和信息总量，产业集群的外部性明显，但总体来看，新材料企业间联系相对灵活松散，还未形成有机协同网络。

2. 成长期

集群内新材料企业关联度逐渐加强，上下游企业分工逐渐清晰，产业配套逐渐完善，新材料产业集群生态逐步形成。集群内新材料企业间知识和信息扩散、交流、学习、创新活动增多，技术创新速度加快，技术引领型企业出现，逐渐成为龙头企业。大量新材料及其相关企业被吸引进集群，产业集群规模逐步扩大。该阶段是新材料产业集群创新活动最活跃、技术创新外溢性最强、集聚资源能力最强的时期。

3. 成熟期

集群内新材料企业之间、上下游企业之间形成了稳定的合作关系，各类配套设施完善，新材料产业链基本完整，产业集群发展成为完善的有机协同网络。集群内龙头企业国内外影响力增强，中介机构等迅速发展。这个阶段集群内企业数量、集群规模、资源拥有量等达到较高水平。成熟阶段后期，新材料产业集群创新速度减慢，创新效率降低，产品容易出现同质化，集群内部竞争加剧，"拥挤"效应显现，新材料产业集群发展速度放慢，达到一种相对平衡状态。

4. 升级期

集群内各新材料企业加大技术创新投入，在提升原有产品性能的同时，开发新工艺、新技术、新产品，开拓新市场，推动新材料产业集群进入新的发展阶段。

总体判断，我国东部地区的新材料产业集群已处于发展成熟期，大部分新材料产业集群还处于成长期。

二、对标世界先进制造业产业集群的差距

（一）产业集群融入全球价值链的深度不够

我国新材料企业积极参与国际产业分工体系，生产制造的产品逐渐嵌入全球供应链和价值链中。但我国新材料产业集群中深度融入并主导产业发展的龙头企业数量偏少，集群内以生产制造附加值不高的中低端产品的新材料企业为主，缺少像杜邦、巴斯夫、京瓷等具有全球竞争力、掌握产业主导权的领军型新材料企业，集群在全球产业链垂直分工中的地位偏弱，整体处于全球价值链中低端和非核心地位，在全球新材料产业价值分配中不具备话语权，国际市场竞争力不强。此外，我国新材料产业集群经济影响的地理范围有限，全球市场占有率不高，对全球经济影响力和控制力偏弱。

（二）根植于产业集群的内生创新动力较弱

从全球来看，美国硅谷、日本筑波科学城、英国剑桥科技园、新加坡裕廊石化产业集群等是较为典型的科技创新型产业集群。这些集群的显著特征是区域内均拥有国际一流的高校及科研机构，科研与产业良性融合发展。反观我国，一流的材料科学创新要素集中于北京、上海等大城市，与新材料产业集群在地理空间上不够紧密，带来创新与产业交互成本的增加，导致创新链与产业链融合不足。部分新材料产业集群依托资源和市场发展起来，缺少强大的科研机构和研发实力作为支撑，自主创新能力不强。

（三）尚未形成上下游联动发展的产业生态

我国新材料产业集群众多，分布广泛，发展水平和质量存在较大差异。除东部沿海少数新材料产业集群拥有较为完整的供应链和产业链，形成了产业链上中下游高度协同、共生发展的生态环境外，大部分新材料产业集群的产业链链条短，上下游衔接不紧密。部分集群缺乏具有引领辐射作用的龙头企业，只是新材料及其相关企业地理空间上的横向集聚，集群内企业联系松散，信息沟通不畅，专业化分工和合作协同程度不高，上下游合作联系较少。部分集群龙头企业带动性不强，产业链整合能力较弱，无法起到引领和带动中小新材料企业发展的作用，大中小企业融通发展格局尚未形成。部分集群主导新材料产业和其他相关产业关联度低，新材料产业链存在缺失环节，上游资源供给不足，下游应用市场支撑不够，制约了新材料产业集群的发展。

（四）产业集群的集聚效应未完全释放

我国大多数新材料产业集群还处于数量扩张阶段。随着产业集群的发展，新材料及其关联企业的空间集中产生集聚效应，提升企业效率，促进新材料产业集群规模扩张。与此同时，经济活动的地理集中也会产生拥挤效应，带动土地、劳动力等要素价格上涨，对新材料企业生产活动形成挤出。此外，新材料产业集群发展还会通过降低交易成本、提供贸易信贷等机制降低企业投资或生产门槛，产生低门槛效应，鼓励更多中小企业加入，加剧新材料企业竞争，催生低质低价竞争，导致新材料产业集群价值链低端锁定，危害新材料产业集群可持续发展。拥挤效应和低门槛效应的存在导致处于扩张阶段的新材料产业集群无法完全享受集聚效应带来的好处。

三、集群发展战略

（一）加强顶层规划设计，科学引导新材料产业集群建设

科学做好新材料产业集群规划布局，推动新材料产业集群建设与国家区域重大战略、区域协调发展战略、主体功能区战略相协调，鼓励各地结合自身实际，发展壮大特色新材料产业集群建设。依托京津冀协同、雄安新区、长江经济带、粤港澳大湾区建设，选择发展基础好、市场潜力大的新材料产业集聚区建设世界级新材料产业集群。依托现有的"先进制造业集群""战略性新兴产业集群""创新型产业集群"等支持计划，完善新材料产业集群培育推进体系。考虑我国各地新材料产业集群发展周期、发展阶段、比较优势等，细化地区新材料产业集群的阶段性目标，加强对集群培育的质量评估与动态监管。发挥浙江、广东、江西等地区"链长制"作用，统筹协调新材料产业集群建设全局性工作。

（二）引进高端创新资源，着力提升集群自主创新能级

大力推动国家级新材料科研机构与产业集群开展深入合作，着力破解科技产业"两张皮"的顽疾，以创新链与产业链融合的深入实践助力新材料领域实现科技自立自强。有条件的产业集群可借鉴广东省、江苏省提升新材料产业集群创新能级的经验，积极与国内顶尖的新材料大院大所合作，聚焦区域新材料产业集群创新需求和未来发展方向，在集群内部联合建设一流的新材料产业技术研发机构，推进体制机制创新，推动顶尖科学家的创新能力与

产业发展的技术需求在空间上无缝衔接，支撑集群开展产业链原始创新、源头创新，打通制约集群产业升级的关键技术环节，抢占新材料产业未来发展制高点。

（三）强化集群内部互动，大力营造共生发展的产业生态

加强产业集群促进机构建设，完善产业集群公共服务体系，促进集群内要素和信息的交流共享，建立集群成员横向和纵向密切合作的协同网络。强化新材料产业与集群内其他产业的协同发展，鼓励以下游应用为牵引，打造更加具有全局性、更安全可靠的产业链供应链。培育关联大、带动强的链主企业，加强与上下游中小企业合作，建立稳定的供应、生产、销售等协作配套关系，培育"专精特新"中小企业。加快引进和培育科技含量高、配套能力强的关联性企业，延伸完善产业链条，壮大集群规模。

（四）深化对外开放合作，持续增强产业集群国际竞争力

围绕集群产业链关键环节，吸引全球高端人才技术、资本等要素资源，提升创新水平和生产效率。支持集群内优势企业"走出去"，在全球范围内配置资源，深度融入全球价值链和供应链体系，增强新材料产业话语权。鼓励集群内企业开展海外并购，获取国外优势技术、品牌、市场渠道等战略性资源，成为具有全球影响力的新材料企业。加强具有生态主导力、国际市场话语权的新材料产业链领航企业培育，围绕领航企业开展产业链上下游兼并重组、资本运作或战略合作，提升国际竞争力。支持集群内企业通过战略合作或重组形成一批国际一流新材料企业，增强企业盈利能力，提升产业链控制力。

气凝胶产业发展研究^①

　　气凝胶是一种具有超高孔隙率的三维纳米多孔材料，孔隙率能够达到90%以上。多孔结构和骨架组分结合赋予了气凝胶在纳米尺度下独特的绝热、隔音、吸附等性能，被誉为是"一个可以改变世界的材料"，受到世界各国的高度重视。在国家政策支持和市场引导下，近十年我国气凝胶产业快速发展，气凝胶被列入国家重点新材料产品目录，其研发和产业化与发达国家开始"并跑"，部分产品相关指标高于美国产品，产能位居世界第1，应用场景不断拓展，广东、浙江、贵州、重庆等省市因地制宜，开创了具有地方特色的气凝胶产业。在国家对新材料日益重视和碳达峰加快实施的大背景下，如何推动气凝胶产业高质量发展，已成为关注的热点。

一、气凝胶概况

（一）气凝胶定义

　　气凝胶材料最初是由美国人 S. Kistler 采用溶胶－凝胶法获得二氧化硅凝胶，并采取超临界干燥获得的一种超轻的二氧化硅纳米孔结构材料，称之为"arogel"（气凝胶）。随着科技的发展，类似结构材料不断被发现。国际顶级权威学术期刊《科学》在第 250 期将气凝胶列为十大热门科学技术之一，称之为可以改变世界的多功能新材料。

　　国际理论和应用化学联合会将气凝胶定义为一种由微孔结构构成，孔洞内的分散介质为气态的凝胶。一般认为，凝胶内的流体介质被空气取代后，

---

① 撰写日期 2022 年 8 月。

整体结构骨架没有变化而形成网络海绵结构体（不是通过发泡模式获得多孔的结构体），并且介孔大小属于纳米级的材料，被称为气凝胶。从科学角度看，气凝胶不是材料而是物质的结构形式。

（二）气凝胶种类

当前气凝胶基础研究、应用研究和工业化不断深入，越来越多的新型功能化气凝胶不断被合成，气凝胶已经从最初的二氧化硅气凝胶发展成为庞大的气凝胶家族。

从组分看，气凝胶包括氧化物气凝胶、碳化物气凝胶、氮化物气凝胶、有机气凝胶、石墨烯气凝胶、生物质气凝胶和碳气凝胶，硫族气凝胶、金属单质气凝胶、非金属单质气凝胶、钙钛矿型气凝胶和尖晶石型气凝胶等，以及两种及以上单组分气凝胶构成或者由纤维、晶须、纳米管等增强体与气凝胶基体相结合的复合气凝胶（见表 C-1）。

表 C-1　主要气凝胶类型

门类	细　分	性　　能	应　　用
氧化物气凝胶	SiO_2 气凝胶	力学性能、高温隔热性能和吸附效果	隔热、吸附
	Al_2O_3 气凝胶	优异的高温热稳定性	超高温绝热
	ZrO_2 气凝胶	高化学稳定性和热稳定性，同时具有氧化和还原位点	高温绝热材料、高温催化剂及吸附剂
	V_2O_5 气凝胶	比电容高、比表面积大，自身电导率低、离子扩散性能差	锂电池阴极材料、超级电容器电极材料
	TiO_2 气凝胶	光催化性能	光催化剂、抗菌剂、电池电极
	过渡金属氧化物	惯性约束聚变、强激光等性能优良	能源开发、高能物理
碳化物气凝胶	SiC 气凝胶	低热膨胀系数、高耐磨性和化学性能稳定	高温隔热、催化、能源储存
	SiOC 气凝胶	较高的力学性能、化学耐久性和气体敏感性	气体传感器、锂电池
	ZrC 气凝胶	高熔点、高硬度、高化学稳定性	高温隔热
氮化物气凝胶	Si_3N_4 气凝胶	耐腐蚀、抗热震性好、耐高温、膨胀系数低	高性能隔热
	BN 气凝胶	高导热性、良好的电绝缘性	拓展 BN 应用领域
	C_3N_4 气凝胶	光催化性能	光降解、吸附、污水净化
	VN 气凝胶	良好的导电性、电化学活性	太阳能电池电极

续表

门类	细　分	性　　能	应　用
有机气凝胶	聚酰亚胺气凝胶	良好热稳定性和力学性能、低介电常数	隔热材料、贴片天线
	聚氨酯气凝胶	较低的热导率，灵活的分子设计性	隔热材料
	聚脲气凝胶	网络结构随密度而变化，力学稳定性和热稳定性良好	隔热、隔声等材料
	聚苯并恶嗪气凝胶	收缩率低，碳产率高	碳气凝胶前驱体、吸附材料
	间规聚苯乙烯气凝胶	含有不同晶型，疏水性良好	有机溶剂吸附剂
	聚间苯二胺气凝胶	超低的密度、优异的吸附性能	有机溶剂吸附剂
	聚酰胺气凝胶	接近聚酰亚胺的性能，合成成本低	部分代替 PI 气凝胶
	聚偏二氯乙烯气凝胶	生物相容性	载药材料
	聚吡咯气凝胶	电磁吸收性能	电磁吸收材料
碳气凝胶	碳气凝胶	更高的孔隙率及比表面积、电导率，密度范围、应用范围更广	惯性约束聚变靶材、电极材料
	石墨烯气凝胶	特殊的碳气凝胶，具有优良的导电性及多孔网络	电极材料、污水处理
生物质气凝胶	纤维素气凝胶	吸油性能好	碳气凝胶前驱体、吸附
	蛋白质气凝胶	生物相容性、生物降解性食品及药物的载体	食品健康及医疗
复合气凝胶	掺杂气凝胶	向前驱体溶液中掺入特定物质	特定功能
	二元及多元复合气凝胶	吸附催化、隔热隔音、高效催化	苛刻环境
	与基材复合的气凝胶	纤维-SiO_2气凝胶绝热毡、绝热板，硬硅钙石-气凝胶绝热板，气凝胶砂浆、涂料、混凝土等	绝热节能、防火、隔音
其他气凝胶	单质气凝胶	结合了单质特有的化学性质和气凝胶独特的结构特性	催化、传感、生物电子
	硫族气凝胶	独特的吸附性、光活化性	太阳能电池、光催化、传感器、化石燃料脱硫和重金属除杂

从产品形态看，气凝胶产品主要有颗粒、粉末以及气凝胶毡、板、布、纸（薄毡）、异形件等。其中，毡、板、布、纸和异形件是气凝胶与纤维复合所得产品，技术工艺类似，但是产品应用有较大的区别（见表 C-2）。

（1）气凝胶毡是气凝胶与毛毡复合而成，是目前产量最大应用最广的凝胶产品，航天军工、石油化工、冶金建材、冰箱冷库等所有应用领域都有采用。

（2）气凝胶布是由气凝胶和布料复合而成，主要用于空服、防寒服等服装、鞋帽领域。

（3）气凝胶纸（薄毡）是气凝胶与纸复合而成，气凝胶纸主要用于热电池和一些空间极小、管径极细、缠绕施工的领域。

（4）气凝胶异形件是气凝胶与各种异形体复合的产品，基本上是军工用可拆卸保温套。

（5）气凝胶板主要用于大型设备保温以及建筑内外墙的保温。

（6）气凝胶泥是气凝胶与水泥等其他浆料混合而成，类似于硅藻泥，主要用于不规则设备保温以及房屋墙面保温。

（7）气凝胶涂料是气凝胶与涂料混合而成，用于室内装修保温。

（8）气凝胶颗粒主要是利用其透明性，填充在 PC 板或者中空玻璃中做采光隔热板，或用于填充空心砖或用在特殊场合。

表 C-2　气凝胶产品形态

产 品 形 态	应 用 领 域
气凝胶毡	航天军工、石油化工、冶金建材、冰箱冷库等绝热节能领域
气凝胶布	服装鞋帽领域
气凝胶纸（薄毡）	热电池，空间极小/管径极细/需要缠绕施工的领域
气凝胶板	大型设备保温以及建筑节能内外墙的保温
气凝胶颗粒	PC 板填充或者中空玻璃中做采光隔热板
气凝胶异形件	军工用可拆卸保温套
气凝胶泥	不规则设备保温、房屋墙面保温
气凝胶涂料	室内装修保温

（三）特性及用途

多孔结构和骨架组分赋予了气凝胶独特的性能。气凝胶材料最基本的特性有高比表面积、纳米级多孔（高孔隙率）、低密度。根据材料种类的不同，各种气凝胶材料又具有其他特殊特性。气凝胶材料因具备高孔隙率（95%～99%）、高比表面积（700m^2/g）、极低的密度 0.06～0.18mg/cm^3，所以是热导率最低的固体材料。其室温热导率低于 0.018W/（m·K），低于 100kPa、20℃干空气的热导率（0.025W/（m·K）），被称为超级绝热材料。气凝胶材料还具备低声阻抗（<10^6kg/m^2s）、低折射率（<1.0003）、低介电常数（<1.003）的特性，表现出优异的热学、声学、光学、电学、生物学特性，在航天军工、工业绝热保温、建筑节能、高端装备、环境治理、纺织服装等领域展现出极大的应用价值和广阔的应用前景。

① 绝热性能：在已知固体材料中其热导率最低，利用这个特性可开发保温隔热材料、浇铸用模具材料和用于建筑节能。

② 超低密度性能：可用于 X 光激光靶。

③ 高孔隙率和高比表面积：可用于催化、吸附、缓释、离子交换、传感器等。

④ 低折射率；可用于探测器、光波导、低折射率光学材料。

⑤ 低声阻抗：可开发声耦合器件。

⑥ 低介电常数：微电子行业介电材料、电极及超级电容。

（四）技术路线

气凝胶制备技术路线主要有超临界干燥工艺和常压干燥工艺，其他尚未实现批量生产的技术还有真空冷冻干燥、亚临界干燥等技术。超临界干燥技术是最早实现批量制备气凝胶的技术，较为成熟，也是目前国内外气凝胶企业采用较多的技术。常压干燥技术是当前研究最活跃，发展潜力最大的气凝胶批产技术。超临界干燥技术和常压干燥技术各有优势，但常压干燥技术更适应未来大生产的需要（见表 C-3）。

表 C-3　气凝胶制备技术路线比较

	超临界干燥技术	常压干燥技术
设备投入	核心设备为高压釜，工作压力高达 7～20MPa，属于特种压力容器，设备系统较复杂，运行和维护成本较高。尽管国内已有能提供成套设备的厂家，但数量不多，企业议价能力较弱	常规的常压设备，设备投入低，设备系统较为简单，大部分化工设备单位都能制造，企业议价能力较强
生产成本	有机硅价格较为昂贵，但纯度高、工艺适应性好，两种干燥工艺均适用，目前国内外采用超临界干燥工艺的企业基本上采用有机硅源。设备投资较高，折旧高于常压干燥。系统耗电高于常压干燥，蒸汽消耗差别不大	水玻璃价格低廉，但杂质较多，去杂工艺较繁琐，目前主要应用于常压干燥

续表

	超临界干燥技术	常压干燥技术
产品性能	在非二氧化硅气凝胶制备方面，超临界干燥工艺要成熟很多	超临界干燥技术和常压干燥技术生产的产品二氧化硅气凝胶没有任何显著或实质区别
技术门槛	生产效率、安全性、工艺变更对设备系统依赖较高，如果设备系统较为成熟可靠，企业进入的技术门槛相对较低	设备投资门槛较低，但是技术门槛却较高，对配方设计和流程组合优化有较高要求
拓展空间	作为高压特种设备，扩产时固定资产投入巨大。如企业达到年产 50 万立方米（目前中小规模建材企业），采用超临界干燥的设备投入将高达数十亿元。受限于硅源，原料降本空间有限，只能通过优化系统来提高生产效率	随着规模扩大投入产出比进一步提高，可以较少投资获得较大产能。对廉价硅源接纳能力较强，流程优化方面有较多自由度，拥有更大的降本空间

二、气凝胶研发及产业化

（一）研发进展

美欧日对气凝胶的研究和应用起步较早，在材料研发、规模化生产、多领域应用以及市场开拓方面均处于全球领先。国外气凝胶基础和工程化应用研究机构主要有：美国 LLNL 实验室、JPL 实验室、SNL 实验室、加州理工学院、Aspen 公司，德国的维尔茨堡大学、Basf 公司、Desy 公司，法国的蒙特派利尔材料研究中心，瑞典 Lund 公司，日本高能物理国家实验室，韩国延世大学等。美国 Aspen 公司是全球最大的气凝胶生产企业。美国 Cabot 公司是第一家在室温下生产气凝胶并使之商业化的公司。

我国气凝胶研发和产业化与发达国家"并跑"。我国在气凝胶研发、生产方面一开始就与国际先进水平同步，有些产品指标高于美国产品，应用市场也不少于美国。国内主要研究机构有同济大学、国防科技大学、南京工业大学、清华大学、厦门大学、浙江大学、哈尔滨工业大学以及中国科学院，已有广东埃力生、浙江纳诺、贵州乌江机电、河北金纳、浙江贝来等行业领先企业。从产能看，我国已具备符合国家标准的优质气凝胶毡批量生产供货能力，产量位居世界第一，2019 年的产能达 8 万 m^3/a，且产能持续扩大，预计未来三年气凝胶制品产能将超过 15 万 m^3/a，全球领先。从应用看，气凝胶在高温管道、窑炉、城市热力管网等领域应用广泛，应用效果得到认可，在显著降低能耗、延长输送范围的同时，可以减小保温层厚度、节约空间。

（二）产业链分布

目前已经产业化的气凝胶材料主要是二氧化硅气凝胶材料。其他材料目前基本处于中试或者实验室小试状态。二氧化硅气凝胶是一种隔热性能优异的固体材料，具有高比表面积、纳米级孔、低密度等特殊的微观结构，基于在热学方面表现出优异的性能，它的热导率可达 0.013W/（m·K）、密度约 0.16mg/cm³、比表面积在 400～1000m²/g、孔隙率为 90%～99.8%，化学性能稳定，内部体积 99%由气体组成，是目前已知密度最小的固体。

气凝胶上游产业主要是气凝胶前驱体原料产业，包括无机硅源和有机硅源；中游产业主要是气凝胶材料制品及气凝胶复合制品，包含气凝胶毡、板、布、纸、异形件等；下游产业主要有保温隔热绝冷需要领域、建筑领域、石油化工、新能源、航空、热电、电子、催化、杀菌等领域（见图C-1）。

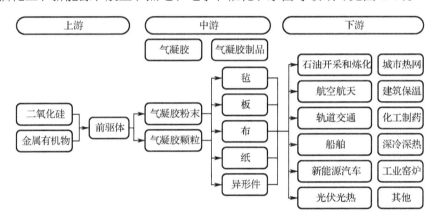

图 C-1　气凝胶产业链

1. 上游

二氧化硅气凝胶主要原料有硅酸钠（水玻璃）等硅酸盐制品、硅溶胶和有机硅原料，溶剂介质主要有醇类及二氧化碳，催化剂主要有氨类、酸类。

水玻璃和硅溶胶是气凝胶前驱体的主要无机原料。水玻璃主要以纯碱、石英砂为原料，原料易得。美国约有 17 家主要生产商，年产能在 150 万吨。欧洲主要是德国、英国、法国、意大利等，年产能约 120 万吨。中国年产能超过 300 万吨，约占全球 50%的产能，拥有 200 多家规模以上企业，主要集中在山东、江苏等，其中山东省产量约占全国的 60%。

有机硅单体主要生产国家有中国、美国、日本、法国、英国、泰国等。

中国有机硅产量约占全球产量的 60%。国外有机硅生产企业主要有道康宁、瓦克化学、迈图等，国内主要有合盛硅业、鲁西化工、新安股份、江西星火等。

国内无机硅源和有机硅源巨大的产能，为二氧化硅气凝胶的发展打下了良好的基础。

2. 中游

中游主要是气凝胶材料及制品生产。国际上气凝胶产业企业主要有美国的 Aspen、Cabot、Aerogel，德国的 BASF，法国的 Enersens，韩国的 Jios Aerogel，瑞典的 Svenska Aerogel，葡萄牙的 Active Aerogels。美国的 Aspen、Cabot 是主要生产商，韩国的 Jios 近几年发展比较快（见表 C-4）。

表 C-4 全球主要气凝胶生产企业及产品

国家	厂家	产品特性	产品形态
美国	Aspen Aerogel	SiO_2 气凝胶织物	毡
	American Aerogel	多种多样	多种多样
	NanoPore Inc	SiO_2	薄膜及相关产品
	Aerogel Technologies	有机气凝胶及其他	板、微粒及定制化产品
	TAASI	SiO_2 气凝胶	粉末、颗粒、微珠、小型块材、定制化产品
	Marketech International Inc	定制化	小型块材、定制化产品
	CDT Systems Inc	碳气凝胶、复合材料	水净化和电化学用块材、溶液
	Dow Corning	SiO_2 气凝胶	粉末
	Cabot Corp	SiO_2 气凝胶制品、疏水型 SiO_2 气凝胶	毡、板、颗粒
德国	BASF SE	聚氨酯气凝胶	板
瑞典	Airglass	透明型 SiO_2 气凝胶	块材
	Svenska Aerogel	SiO_2 气凝胶	粉末、颗粒
葡萄牙	Active Aerogels	SiO_2 气凝胶复合材料	板
西班牙	Green Earth Aerogels	稻壳灰制 SiO_2 气凝胶	粉末、颗粒
法国	Enersens SAS	SiO_2 气凝胶	粉末、小型块材
	Keey Aerogels	SiO_2 气凝胶、气凝胶制品	微粒
瑞士	Nexaero	疏水型 SiO_2 气凝胶	微粒
中国	NanoHigh-Tech Co. Ltd	SiO_2 气凝胶、有机气凝胶	多种多样

续表

国家	厂 家	产品特性	产品形态
韩国	JIOS Aerogel Corp	SiO$_2$气凝胶	粉末
日本	Tiem Factory Inc	SiO$_2$气凝胶（室温干燥）	粉末、颗粒、块材

备注：仅自身生产气凝胶的企业

目前国内从事气凝胶产品生产的企业约有 6500 家，产品有柔性材料、刚性材料、流体材料、粉体材料等，主要生产企业有贵州航天乌江机电设备有限公司、广东埃力生高新科技有限公司、纳诺科技有限公司、爱彼爱和新材料有限公司、浙江岩谷科技有限公司等。从地域分布看，气凝胶生产企业主要集中在贵州、广东、浙江、河北、江苏、河南、北京、山西、重庆等地，与原材料生产企业配套能力差，距离远，原材料运输成本高。从生产规模看，生产规模 1000～50000 立方米/年不等，规模较小。

柔性材料主要有气凝胶绝热毡、气凝胶绝热纸、气凝胶纺织品，代表企业有纳诺、埃力生、素湃科技等；刚性材料有气凝胶绝热板、气凝胶真空板、纳米微孔绝热板等，代表企业有华陆、摩根坤德等；流体材料有气凝胶建筑保温涂料、工业保温绝热涂料、玻璃隔热涂料等，代表企业有阳煤华豹、中南建材、优澎科技、天津朗华科技等；气凝胶粉体代表企业主要有华阳新材、山西天一等；气凝胶相变材料代表企业主要有航天海度等。

欧美国家出现了用气凝胶颗粒来填充玻璃的企业，目前国内企业涉足该领域较少。

3. 下游

气凝胶超高的孔隙率使其在力学、热学、电学、光学、声学等方面均表现出独特的性能，具有一般固态材料所不具有的低折射率、低热导率、低声阻抗等物理特性，这使气凝胶材料在众多领域内均具有广阔的应用前景。表C-5 列举了气凝胶在几大重要领域内的应用。

表 C-5 气凝胶在各个领域的应用

领 域	主 要 应 用	典型气凝胶
热	隔热保温、超级绝热	SiO$_2$气凝胶、Al$_2$O$_3$气凝胶
光	超级黑材料	碳气凝胶
	切伦科夫计数器	SiO$_2$气凝胶

续表

领　域	主 要 应 用	典型气凝胶
电	锂电池和超级电容器电极	碳气凝胶、V_2O_5 复合气凝胶
	CDI	碳气凝胶
	微电子、集成电路	SiO_2 气凝胶
声	隔声	SiO_2 气凝胶
空间飞行	高速离子捕捉	密度梯度 SiO_2 气凝胶
生物医用	靶向治疗、药物缓释	生物质气凝胶
环保	污水处理	SiO_2 气凝胶、TiO_2 气凝胶
化学	高性能催化、催化剂载体	过渡金属氧化物气凝胶
专用领域	ICF	过渡金属氧化物气凝胶

气凝胶的大部分应用集中于石化热电、工业隔热,市场占比分别为 56%、26%,主要用作能源基础设施的外保温材料,包含精馏塔、反应管道、储罐、泵、阀门的保温材料,天然气和 LNG 液化气管道的保温材料,深海管道保温材料,发电厂设备保温材料等。此外,建筑、交通领域市场占比分别为 6%、3%。IDTechEX 预计,2024 年建筑建造领域市场占比将接近 12%;2029 年建筑建造市场占比将达到 18%,交通领域占比提升至 5%,而传统领域占比将降到 41%,建筑建造以及新兴领域将成为主要消费驱动领域。

气凝胶与其他保温材料复合使用,已用于管道、窑炉保温,可以很大程度地减小保温层厚度,同时施工方便,系统简单可靠。目前市场上气凝胶绝热毡、绝热板等各类产品多为纤维和 SiO_2 复合产品。与其他绝热材料相比,气凝胶具有独特的优点。相比岩棉、玻璃棉、硅酸铝棉等纤维类绝热材料,导热系数具有明显优势,且防水性能更好,抗拉强度高,使用寿命更长;相比聚氨酯、聚苯乙烯等泡沫类绝热材料,导热系数更低,耐高温,燃烧性能可以达到 A 级,更安全;相比真空绝热板,耐穿刺、可切割,柔性易于施工,不存在边缘效应,且结构长期稳定。

（三）产业化进程

气凝胶材料产业化从 20 世纪开始,经历了四次产业化尝试。

① 第一次。20 世纪 40 年代早期,美国孟山都公司与 Kistler 合作生产 Santocel 气凝胶粉体,用于化妆品、硅橡胶添加剂、凝固汽油增稠剂等。但受制造成本高及应用开发滞后影响,孟山都于 20 世纪 70 年代终止了气凝胶

项目。

② 第二次。20 世纪 80 年代，气凝胶材料在太空粒子捕捉和鉴别上得到应用。1984 年，瑞典 Airglass 公司使用甲醇超临界技术生产的气凝胶用于切连科夫探测器。1989 年，美国 Thermalux 公司开发二氧化碳超临界技术。1992年，德国 Hoechst 公司以常压干燥技术，生产气凝胶粉体，用于隔热涂料、消光剂等领域。2003 年之后，我国开发常压干燥技术，用于军工领域。

③ 第三次。21 世纪初，美国 Cabot 公司尝试生产气凝胶粉体并推广民用，但因二氧化硅气凝胶的脆性及高昂的成本而失败。2003 年，该公司兼并德国 Hoechst，掌握了常压干燥制备技术，成立了气凝胶专业公司，主要生产气凝胶粉体颗粒，用于涂料添加剂或采光玻璃中的填充层。1999 年，美国 Aspen 公司承接美国宇航局的课题，制备出超级绝热材料气凝胶毡。2001 年，Aspen Aerogel 公司成立，将气凝胶绝热毡推广至航天军工、石化等绝热领域。

④ 第四次。国内外相继开发了气凝胶膜、气凝胶玻璃、气凝胶涂料、气凝胶保温套、气凝胶绝热板、气凝胶真空板、有机－无机复合气凝胶等复合产品，打破了 Aspen 气凝胶毡产品单一的局面。气凝胶多品种的出现，丰富了气凝胶市场应用，快速将气凝胶产品由军工、石化工业应用推广到建筑、冷链、电子等民用行业，标志着气凝胶产品开始了第四次产业化。

目前工业化生产主要是二氧化硅气凝胶，主要利用其轻质、超级绝热性被广泛应用到绝热绝冷保温领域。埃克森美孚、壳牌、雪佛龙、中石油、中海油、华昌化工等全球大型石化炼厂均大量采用气凝胶材料作为保温材料（见表 C-6）。

表 C-6　气凝胶应用案例

气凝胶毡。1）文安建筑产业化基地超低能耗建筑示范项目，气凝胶毡应用于热桥处理部位及管道保温，是国内首个住建部康居认证中心、德国能源署 DENA 和 PHI 三标认证项目。2）岳阳机场航站楼复合保温膜，采用 PTFE 内膜/气凝胶/PTFE 内膜复合结构，内膜展开面积 $4600m^2$。3）中海油海南 LNG 输送管线。4）华能莱芜发电有限公司纳米气凝胶绝热材料火电厂超温治理项目。

复合保温结构。1）SiO_2 气凝胶绝热毡+单面铝箔玻纤布+SiO_2 气凝胶绝热毡+单面铝箔玻纤布+硅酸盐棉+玻纤网格布+铝箔复合保温结构用于中石化塔河炼化有限责任公司 2#常压焦化装置，约 1 公里。2）塔河油田保温井管。3）10mm 耐热纤维层+110mm 气凝胶保温涂料+0.75mm 镀锌铁板复合保温结构应用于中石化新疆新春石油开发有限责任公司的热力输送管道外层保温改造项目。4）北京建工新材建邦新材料科技（廊坊）有限公司气凝胶保温毡用于河北华茂绿色科技股份有限公司生物医药化工工程项目。5）北京丽泽金融商务区智慧清洁能源系统热力管网。6）天问一号，"长征五号"系列火箭上主要应用于发动机高温燃气系统的隔热。"天舟二号"上主要用于真空隔热板，安装在低温锁柜中，在飞船中搭建超级冰箱。

气凝胶砂浆。瑞士 Fixit AG 公司联合联邦材料科学与技术实验室共同开发了 Fixit 222 保温砂浆，含有卡博特公司气凝胶。2014 年产品荣获瑞士环保创新奖，已被用于超过 35 个建筑修缮项目，覆盖墙体面积超过 5000 平方米。

气凝胶涂料。2010 年上海世博会零碳馆及万科实验楼应用了气凝胶涂料。

气凝胶玻璃。挪威装有 220m² 气凝胶玻璃板的超级市场。

气凝胶服装。意大利 CorpoNove 公司生产了冬季极端寒冷条件下的气凝胶夹克。

电动客车电池舱气凝胶隔热毡。中车时代电动汽车股份有限公司。气凝胶隔热毡用于车中部电池舱上表面，压在 PVC 板或者竹胶板下。车后部电池舱上封板处，直接放在封板上面。其他需要安装气凝胶隔热毡的金属立封板位置，采用电泳前金属立封板预先开孔+卡扣的型式固定气凝胶隔热毡的安装工艺。

南京工业大学。气凝胶成果在多家企业实现了产业化应用。基于纳米气凝胶绝热材料的保温管道、保温水箱等项目累计实现经济效益近 2.5 亿元。基于聚丙烯纤维复合气凝胶材料的油污处理项目累计实现经济效益 5400 余万元。

三、产业主要问题

（一）产业整体处于初创期后期和成长期前期

气凝胶技术进入企业不断增多，产品应用不断扩宽，市场规模快速增加，技术研发速度加快，专利申请量与专利申请人数量急剧上升，产品价格不断降低，行业领先企业进入快速增长阶段，但是尚没有一家企业形成稳固的龙头地位。总体判断，气凝胶产业仍然处在较早发展阶段，整体上处于初创期的后期和成长期的前期。整个行业进入了快速发展的窗口期，也是行业投资的最佳时机，掌握低成本核心技术和一定市场资源的企业将获得巨大发展空间。

（二）市场应用快速增长，但产业规模总体不大

发达国家对绿色发展日益重视，成为推动全球气凝胶市场增长的关键。2019 年底，欧盟制定了《欧洲气候法》草案，以立法形式明确到 2050 年实现"碳中和"，并发布了《可持续欧洲投资计划》《欧洲新工业战略》，明确了欧盟未来工业绿色发展的重点。此外，随着气凝胶材料的进步和创新、产品生态效益意识的提高、气凝胶新应用的不断拓展，以及亚太市场的发展，特别是中国气凝胶产业的壮大，气凝胶行业发展显著加快。Allied Market Research 研究报告显示，全球气凝胶市场规模将从 2013 年的 2.2 亿美元增加到 2020 年的近 20 亿美元，年均复合增长率达到 36.4%。我国气凝胶市场规

模将从 2015 年的 3.3 亿元增加到 2020 年的 37.16 亿元，年均复合增长率约达 61.1%，市场增速远超国际平均水平。

（三）面临成本高、产量低、应用少三大难题

我国气凝胶产业化应用面临成本高、产量低、应用少的全球性难题，同时产品质量较国际先进水平仍有差距。前期价格高，制备工艺复杂，特别是超临界制备技术，导致气凝胶材料产量低、成本高，市场接受度低。企业投资巨大但产量有限，产品价格昂贵，使产品应用受到限制，多用于航天军工、高端航空等领域，民用也仅有保温毡、保温板等少数产品。与国外相比，气凝胶性能稳定性、均一性以及部分性能指标有差距。此外，国内对气凝胶研究较多，但成果转化缓慢，工程化应用不足，规模化应用技术亟待突破。

（四）重点专利被美国掌握，我国受制于人

气凝胶在美国 Aspen 公司得到发展，相关的基础技术专利已被垄断，阿斯彭"337"专利侵权案例严重打击了中国气凝胶出口。其中基本的公知术语被定义为专利点，特别是气凝胶绝热毡的超临界生产方法。近年来，随着国内研究的不断深入，中国气凝胶的专利申请数量从 2017 年的 4745 项增加到 2021 年 7 月的 23217 项，但相对专利质量不高、术语表达不够准确、涵盖领域较窄，专利更多局限于中国地区，国际专利数量较少，而 Aspen 布局的专利几乎针对了一个产品所有关键点，限制了国内气凝胶产品走向国际市场。

（五）标准体系不健全

目前我国已制定了关于气凝胶及其制品的国家标准，但该标准主要是二氧化硅气凝胶制品，不涉及其他类型气凝胶。该标准仍不完善，产品品质等级类型分类不清晰。仅有少部分地方标准建立，且说服力度不够，不足以支撑整个行业发展。个别标准明显带有企业自我保护特性，不具有普适性，不利于走向国际化。尚无由中国主导编制的相关气凝胶的标准，并无国际话语权。

四、发展环境

（一）宏观环境

新材料核心技术需要全面突破的时代已经到来。材料是国民经济建设、

社会进步和国防安全的物质基础，是产业结构优化升级和制造业高质量发展的前提，是催生战略性新兴产业的物质先导。新材料已成为决定国家竞争力的关键领域和核心技术。从国内看，面对高质量发展下产业升级和消费升级加快的需求，材料基础支撑作用不足日益显现。从国际看，面对复杂严峻的国际环境，关键核心技术要不来、买不来、讨不来成为共识。加快发展新材料成为今后一段时期我国补齐发展短板，提升产业基础能力和产业链现代化水平的重要着力点。继"十三五"《新材料产业发展指南》之后，国家正在制定"十四五"新材料产业发展规划，并将组织实施新材料重大专项，高端新材料核心技术需全面突破的时代已经到来。

战略性行业产业链本土化趋势明显。随着气凝胶基础研究和工程化研究的开展，越来越多的气凝胶应用技术得以开发，其巨大的军事、商业价值被认知。各国争先在此领域进行知识产权布局，军工领域应用技术保密性更强，美国更是对气凝胶材料进行严格控制，在气凝胶应用产品上加强专利保护。在中美冲突、"逆全球化"与"新冠疫情"背景下，全球产业链布局加快调整，战略性行业产业链本土化趋势明显，"安全"成为首要因素，各国加紧产业链控制及构建本土产业链。我国将深入实施创新驱动，进一步锻造产业链供应链长板，加速补短板，保障供应链稳定可靠。

绿色制造是"十四五"制造业高质量发展的重点之一。能源电力、工业节能、交通运输和建筑节能将是中国实现 2030 年碳减排目标的关键。在加快推动绿色经济的趋势下，未来五年中国将加快发展以科技含量高、资源消耗低、环境污染少为目标的绿色制造，进一步完善绿色产品、绿色工厂、绿色园区、绿色供应链等绿色制造体系，气凝胶作为超级绝热材料将充分发挥作用。中国绿色发展潜力、碳达峰需求和气凝胶新技术、新产品供给的结合，有望产生更显著效果和广泛影响。

（二）行业政策

"十二五"期间，国家发展改革委在《当前优先发展的高技术产业化重点领域指南（2011）》中将纳米多孔气凝胶材料列为优先发展的新材料产业，工业和信息化部将二氧化硅气凝胶列入《新材料产业"十二五"重点产品目录》，国家发展改革委 2014 年将气凝胶相关产品列入《国家重点节能低碳技术推广目录》，开始对气凝胶初步推广应用。

"十三五"期间，气凝胶先后被列入国家重点研发计划"纳米科技"重点专项、"国家质量基础的共性技术研究与利用"重点专项——优势特色领域重要国际标准研究以及《加快建材新兴产业发展重点产品导向目录（2016年版）》《战略性新兴产业分类（2018）》《重点新材料首批次应用示范指导目录（2019年版）》。《建材工业发展规划（2016—2020年）》将"高性能、低成本的气凝胶、无机真空绝热板等制备和应用技术"列为重点培育技术。2018年9月1日，我国首个国家推荐标准《纳米孔气凝胶复合绝热制品》正式实施。同年，工业和信息化部将纳米孔二氧化硅气凝胶岩棉复合保温板列入《军用技术转民用推广目录》。2017年和2018年，南京工业大学牵头成立中国绝热节能材料协会气凝胶分会，建成国内首个"建筑材料行业气凝胶材料重点实验室"。

在2020年施行的《产业结构调整指导目录（2019年本）》中，气凝胶节能材料被列入鼓励类。最新发布的《工业企业技术改造升级投资指南》提出，重点推进高性能热防护材料技术向工业和建筑节能减排技术领域转化，如：低成本纳米孔高效隔热保温材料及应用关键技术，加强原材料、制备工艺、专用设备等方面的系统研究，实现纳米孔隔热材料低成本化，并在工业和建筑节能领域推广应用。

2021年以来，国家层面支持鼓励气凝胶行业发展的政策频发。1月，国务院《2030年前碳达峰行动方案》提出，加快碳纤维、气凝胶、特种钢材等基础材料研发。9月，中共中央、国务院《关于完整准确全面贯彻新发展理念做好碳达峰碳中和工作的意见》中提出，推动气凝胶等新型材料研发应用。11月，国资委《关于推进中央企业高质量发展做好碳达峰碳中和工作的指导意见》中提出，加快碳纤维、气凝胶等新型材料研发应用。12月，工信部在《重点新材料首批次应用示范指导目录（2021年版）》中，将"气凝胶绝热毡"列入前沿新材料领域，并规定性能要求。

2022年2月，国家发改委、工信部、生态环境部、国家能源局在《高耗能行业重点领域节能降碳改造升级实施指南（2022年版）》中提出，在水泥行业中推动采用气凝胶等技术，进一步提升烧成系统能源利用效率。

在政策的支持引导下，"十四五"气凝胶产业将进入快速发展期。

（三）行业趋势

规模化生产仍以 SiO_2 气凝胶为主，新型气凝胶逐渐得到应用。SiO_2 气凝胶广泛应用于石油天然气、工业、建筑隔热、汽车、航空航天、电子等领域，其研发、生产、应用最为成熟，2019 年占据全球 69%的市场份额。随着有机气凝胶、碳气凝胶在电子、半导体、超级电容器、油吸附等领域的应用，新型气凝胶市场份额将逐步增大。Allied Market Research 研究显示，2025 年全球气凝胶市场规模有望超过 200 亿美元，年均复合增速达到 60%，绝热保温材料的市场占比将由 2020 年的 3%增加到 2025 年的 21%。

气凝胶毡占据主要市场，气凝胶板增速最快。Allied Market Research 报告显示，当前气凝胶毡占据全球 69%的市场份额，2019 年在石油天然气领域市场规模达到近 4 亿美元。受应对全球气候变暖影响，欧洲、美国和加拿大在新建筑中大量使用气凝胶板，同时我国对建筑节能日益重视，未来建筑隔热领域气凝胶市场年均增速最快，年均复合增长率将达到 11.4%。

市场逐渐向亚太地区转移，我国将成为全球增速最快的市场。近年来，亚洲和其他地区气凝胶市场占比逐步增加，北美和欧洲气凝胶市场占比明显减少。2012—2017 年，北美气凝胶市场全球占比由 55%下降到 49%，欧洲气凝胶市场全球占比由 24%下降到 17%，而亚洲气凝胶市场全球占比由 13%上升到 23%。Global Industry Analysts 数据显示，2020—2027 年，中国、加拿大、德国、日本气凝胶市场的年均复合增长率分别为 22.3%、16%、14.8%和 13.4%。

五、相关建议

（一）加强关键技术研发

加强气凝胶应用基础研究和应用研究开发，组织实施一批科技项目，针对气凝胶低成本高品质制备、产品个性化设计和大规模集成应用等关键共性技术展开攻关，围绕原料选择、干燥工艺优化、产品可控制备、力学性能提升、结构功能一体化、应用技术开发以及检验检测技术和装备、认证评价技术等关键工程问题，结合重庆及成渝地区产业发展特色和科研体系布局，聚焦汽摩制造、航空航天、石油和天然气采储运、冶金化工、电子信息、纺织服装、冷链物流等领域开展产品设计和应用技术研发，形成一批具有标志性的气凝胶创新成果，抢占气凝胶产业竞争制高点。

（二）大力提升气凝胶品质与供给能力

聚焦主流 SiO_2 气凝胶，进一步降低生产成本，简化干燥工艺，强化力学性能，进行功能化改性，提升施工性，推动 SiO$_2$ 气凝胶研发设计、生产应用、检测认证更为深入。重点开发常温型、耐高温型、低温型、不掉粉型、疏水型、低成本型、环保型、复合型 SiO$_2$ 气凝胶产品，丰富密度、尺寸、厚度、导热系数等产品规格，开发防辐射、吸油、储能等特殊领域用气凝胶产品，增加可直接应用的定制化气凝胶、复合保温结构。配套发展改性剂、高性能纤维等原辅料产品，以及成型复合设备及配套工装。

（三）着力培育若干典型应用场景

大力推动"气凝胶+"，积极组织气凝胶产品"产需"对接，重点发展气凝胶在工业绝热保温、建筑节能、纺织鞋服、高端装备、冷链物流、5G 和数据中心等下游应用，通过技术创新、产品创新和模式创新，打造气凝胶—工业绝热保温、气凝胶—LNG 保冷、气凝胶—冷库冷链、气凝胶—建筑隔热、气凝胶—绿色涂料、气凝胶—纺织服装、气凝胶—舰船隔音、气凝胶—节能和新能源汽车等若干条产业链。

（四）加快技术专利和标准布局

围绕新型气凝胶、复合气凝胶制品、功能结构一体化产品以及超级绝热保温、建筑节能御寒耐热服装、检测设备等产业重点应用领域，引导、鼓励研发团队及企业积极申请气凝胶专利，特别是通过专利合作条约（PCT）途径向外国（地区）申请发明专利，促进科技成果转化和知识产权保护。在高技术船舶、新能源汽车动力电池、高铁装备、油水分离、污水处理、生物医药等新兴应用领域进行前瞻性专利和标准布局。

后　记

为全面客观反映 2022 年中国原材料工业发展状况并对 2023 年原材料工业发展状况做出预测，在工业和信息化部原材料工业司的指导下，赛迪智库材料工业研究所编撰完成了《2022—2023 年中国原材料工业发展蓝皮书》。

本书由秦海林担任主编，肖劲松、张海亮为副主编，张海亮负责统稿。各章节编写分工如下：曾昆编写第二、三十章，张波编写第一、三、三十章，车超编写第一、四、三十章，王本力编写第一、五、三十章，周艳晶编写第一、六、三十章，李丹编写第一、七、三十章，王敏编写第八、九、十、十一章，申胜飞编写第十二、十三、十四、十五、十六章，李茜编写第十七、十八、十九、二十、二十一章，安文瀚编写第二十二、二十三章，毛晓阳编写第二十四、二十五、二十六、二十七、二十八章，刘明编写第二十九章。其中上述编写安排中有相同章号的章节，属于多人共同编写。

在本书的编撰过程中还得到了相关省市和行业协会领导、专家提供的资料素材，特别是得到了李明怡、李岩等专家提出的宝贵修改意见和建议，在此表示衷心感谢。由于编者水平有限，本书难免有疏漏、错误之处，恳请读者批评指正。如借此能给相关行业管理机构、研究人员和专家学者带来些许借鉴，将不胜荣幸。

赛迪智库材料工业研究所

赛迪智库

面向政府·服务决策

奋力建设国家高端智库

诚信　　担当　　唯实　　创先

思想型智库　国家级平台　全科型团队
创新型机制　国际化品牌

《赛迪专报》《赛迪要报》《赛迪深度研究》《美国产业动态》

《赛迪前瞻》《赛迪译丛》《舆情快报》《国际智库热点追踪》

《产业政策与法规研究》《安全产业研究》《工业经济研究》《财经研究》

《信息化与软件产业研究》《电子信息研究》《网络安全研究》

《材料工业研究》《消费品工业研究》《工业和信息化研究》《科技与标准研究》

《节能与环保研究》《中小企业研究》《工信知识产权研究》

《先进制造业研究》《未来产业研究》《集成电路研究》

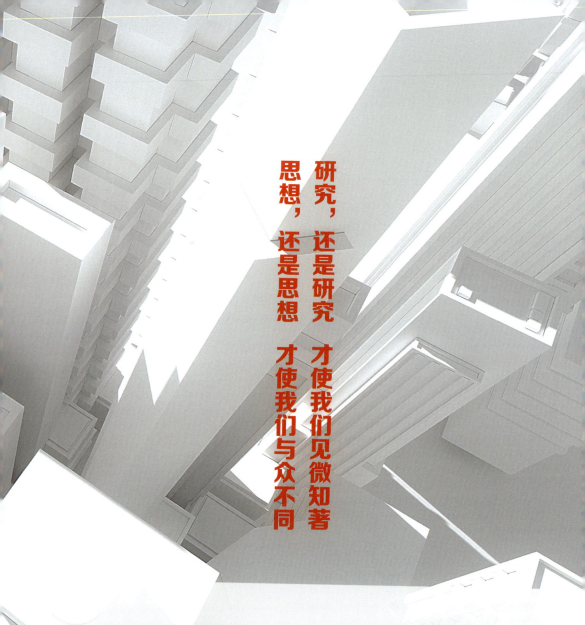

研究，还是研究　才使我们见微知著

思想，还是思想　才使我们与众不同

政策法规研究所　规划研究所　产业政策研究所（先进制造业研究中心）

科技与标准研究所　知识产权研究所　工业经济研究所　中小企业研究所

节能与环保研究所　安全产业研究所　材料工业研究所　消费品工业研究所　军民融合研究所

电子信息研究所　集成电路研究所　信息化与软件产业研究所　网络安全研究所

无线电管理研究所（未来产业研究中心）世界工业研究所（国际合作研究中心）

通讯地址：北京市海淀区万寿路27号院8号楼1201　邮政编码：100846

联系人：王　乐　　联系电话：010-68200552　13701083941

传　真：010-68209616

电子邮件：wangle@ccidgroup.com